In piazza

Italienisch in der Oberstufe

Grammatisches Beiheft

C. C. Buchner

In piazza

Italienisch in der Oberstufe

Herausgegeben von Sonja Schmiel und Norbert Stöckle
unter Mitwirkung von Andreas Jäger

Grammatisches Beiheft

Bearbeitet von Sonja Schmiel, Norbert Stöckle und Susanne Zieglmeier

1. Auflage 9 8 7 2011 10 09
Die letzte Zahl bedeutet das Jahr dieses Druckes.
Alle Drucke dieser Auflage sind, weil untereinander unverändert, nebeneinander benutzbar.

Dieses Werk folgt der reformierten Rechtschreibung und Zeichensetzung. Ausnahmen bilden Texte, bei denen künstlerische, philologische oder lizenzrechtliche Gründe einer Änderung entgegenstehen.

www.ccbuchner.de

Herstellung: Artbox Grafik & Satz GmbH, Bremen
Druck- und Bindearbeiten: creo Druck und Medienservice GmbH, Bamberg

ISBN 978-3-7661-**4936**-7

Vorwort

Das Grammatische Beiheft besteht aus zwei Teilen.

Der *erste Teil* richtet sich im Aufbau nach dem Schülerband und führt in übersichtlicher Form ausgehend von Beispielsätzen zu klaren Regelformulierungen.
Bei gewissen Paragraphen verweist ein **EG** → auf den *zweiten Teil* des Beiheftes, der eine Erweiterungsgrammatik umfasst. Hier werden wiederum in Verbindung mit zahlreichen Beispielen bestimmte grammatische Phänomene abgerundet dargestellt, sodass das Grammatische Beiheft insgesamt auch die Funktion einer Nachschlagegrammatik erfüllt.

Teil I *Lektionenbezogene Grammatik (G)*

In città

1.1 Das italienische Alphabet (l'alfabeto italiano)

a (a)	b (bi)	c (tʃi)	d (di)	e (e)	f (effe)
g (dʒi)	h (acca)	i (i)	l (elle)	m (emme)	n (enne)
o (o)	p (pi)	q (ku)	r (erre)	s (esse)	t (ti)
u (u)	v (vu/vi)	z (zeta)			

j (i lunga) k (kappa) w (doppia vu/vi) x (iks) y (ipsilon/i greca)

Das italienische Alphabet besteht aus 21 Buchstaben.
J, k, w, x und **y** sind keine „italienischen" Buchstaben. Sie finden sich fast nur in Fremdwörtern.
Der Buchstabe «h» hat im Italienischen keinen Lautwert und dient nur orthografischen Zwecken:

l'anno *das Jahr* – hanno *sie haben*

1.2 Die Aussprache (la pronuncia)

Beim Italienischen geht die Aussprache meist aus der Schreibung hervor. Einige Besonderheiten und folgende Unterschiede zum Deutschen müssen jedoch berücksichtigt werden:

c/g/sc

vor e, i
generell „weiche" Aussprache

c	[tʃ]	Piacenza, ciao
g	[dʒ]	Genova, Gina
sc	[ʃ]	conoscere *kennen*, sciarpa *Schal*

aber: „harte" Aussprache gestützt durch das Aussprachezeichen «h»

c	[k]	che, chi
g	[g]	spaghetti
sc	[sk]	schiena *Rücken*

«h» wird nie ausgesprochen

vor a, o, u, Konsonant
generell „harte" Aussprache

c	[k]	Caserta, Como, Cuneo
g	[g]	Garda, Gorizia, Gubbio
sc	[sk]	scala *Treppe*, sconto *Rabatt*, scuola *Schule*

aber: „weiche" Aussprache gestützt durch das Aussprachezeichen «i»

c	[tʃ]	Lancia, Francia
g	[dʒ]	giornale *Zeitung*
	[ddʒ]	Foggia
sc	[ʃ]	lasciare *lassen*, Brescia

«i» wird in diesen Fällen nicht gesprochen

Buchstabenkombinationen

Doppelkonsonanten

Im Gegensatz zum Deutschen unterscheidet man im Italienischen nicht nur lange und kurze Vokale, sondern auch lange und kurze Konsonanten. Die langen Konsonanten werden im Schriftbild durch Verdoppelung dargestellt:

Alessandra	bello	*schön*	Lucca
Reggio Calabria	ragazzo	*Junge*	Vercelli

In manchen Fällen ist die Unterscheidung wichtig für die Bedeutung, z. B.:

i giovani	*die jungen Leute*	↔	Giovanni	
la pena	*die Mühe, die Sorge*	↔	la penna	*die Feder, der Kugelschreiber*
rosa	*rosa*	↔	rossa	*rot (weibl. Form)*

▶ **Beachte!** Auch an der Grenze zwischen zwei Wörtern kann es zu einer Konsonantendoppelung kommen, welche im Schriftbild erscheinen kann, es jedoch nicht immer muss.

Va bene *oder* vabbene *okay/ist gut*

Diphthonge (Aufeinanderfolge von zwei und mehreren Vokalen)
Treffen im Italienischen zwei Vokale aufeinander, so werden beide gesprochen und bilden nicht – wie zum Teil im Deutschen – einen neuen Laut:

Europa [ɛu] il miele [iɛ] *der Honig*

Ausnahme: die grafische Funktion des «**i**» nach «c» oder «g»:

Lancia	
il giornale	*die Zeitung*
lasciare	*lassen*

Die Betonung (l'accento)
Die Mehrzahl der italienischen Wörter wird auf der vorletzten Silbe betont:

il bambino	*das Kind*
antico	*alt*
abitare	*wohnen*

Es können jedoch auch die letzte, vorletzte, dritt- und viertletzte Silbe betont werden:

la città	*die Stadt*	telefonano	*sie telefonieren*
inglese	*englisch*	dammelo!	*gib es mir!*

Da es hierfür keine klaren Regeln gibt, ist es wichtig, beim Wörterlernen immer die Betonung mitzulernen.

1.3 Grafische Besonderheiten – Die Akzente (gli accenti)

Im Italienischen gibt es zwei Akzente:

grave	acuto
Lucca è bella. *Lucca ist schön.* Pietro tornò da Parigi. *Pietro kehrte aus Paris zurück.*	Perché non vieni anche tu? *Warum kommst nicht auch du?*
Mio padre non lavora più. *Mein Vater arbeitet nicht mehr.* Francesco dà la cartolina a Tina. *Francesco gibt Tina die Karte.*	

Der **accento grave** (`) ist häufiger und bei allen Vokalen möglich.
Er wird gewöhnlich bei den Vokalen **a**, **i** und **u** gesetzt.
Der **accento acuto** (´) zeigt die Aussprache des geschlossenen **e** an.

▶ **Beachte!** Der Akzent ist unter anderem obligatorisch bei Wörtern, die auf der letzten Silbe betont werden:

la verità	*die Wahrheit*
la gioventù	*die Jugend*
trentatré	*dreiunddreißig*

Einsilbige Wörter tragen gewöhnlich keinen Akzent, außer wenn dieser der Bedeutungsunterscheidung dient, z. B.:

è	*ist*	↔	e	*und*
sì	*ja*	↔	si	*sich*
dà	*gibt*	↔	da	*von, bei*

1.4 Die Verben auf -are und -ere (i verbi in -are ed -ere)

Das Italienische unterscheidet drei Verbklassen nach den Infinitivendungen **-are**, **-ere**, **-ire** (vgl. **G** → 2):

1. abit-are	*wohnen*	2. prend-ere	*nehmen*
abit-o	*ich wohne*	prend-o	*ich nehme*
abit-i	*du wohnst*	prend-i	*du nimmst*
abit-a	*er/sie/es wohnt*	prend-e	*er/sie/es nimmt*
abit-iamo	*wir wohnen*	prend-iamo	*wir nehmen*
abit-ate	*ihr wohnt*	prend-ete	*ihr nehmt*
abit-ano	*sie wohnen*	prend-ono	*sie nehmen*

1.4.1 Zu der Gruppe der Verben auf -are gehört der größte Anteil der italienischen Verben. Diese Gruppe hat den Vorteil, besonders „regelmäßig" zu sein.

▶ **Beachte!** Die Verben auf -are behalten bei der Konjugation die Lautung des Infinitivstammes bei. Das kann bei den Verben, deren Stamm auf -c/-g endet, zu Veränderungen in der Schreibung führen (vgl. dazu die Ausspracheregeln!)

pagare *zahlen*:	pago, pa**ghi**, paga, pa**ghi**amo, pagate, pagano
cercare *suchen*:	cerco, cer**chi**, cerca, cer**chi**amo, cercate, cercano

In der Regel werden keine zwei unbetonten «i» hintereinander gesetzt.

mangiare *essen*:	mangio, mang**i**, mangia, mang**ia**mo, mangiate, mangiano

1.4.2 Die meisten Verben auf -ere werden im Infinitiv auf dem Stamm betont (prendere – *nehmen*, vendere – *verkaufen*), einige jedoch auf der Endung (vedere – *sehen*). Für die Konjugation hat dies jedoch keine Folgen.

▶ **Beachte!** Bei **-ere** Verben, deren Stamm auf -g, -c, -sc endet, gilt: die Schreibung des Infinitivstammes bleibt erhalten, die Aussprache von «g» und «c» wird von dem nachfolgenden Vokal bestimmt.
conoscere *kennen*: conosco [sk], conosci [ʃ], conosce [ʃ], conosciamo [ʃ], conoscete [ʃ], conoscono [sk]

Verben auf **-are**	Verben auf **-ere**
pagh-i [g] cerch-iamo [k]	conosc-o [sk] conosc-iamo [ʃ]
Die Lautung des Infinitivstammes bleibt erhalten.	Die Lautung ändert sich.

1.4.3 Chiamarsi *(heißen)* gehört zu der Gruppe der reflexiven Verben

(vgl. **G** → 4.5):

chiamarsi	***heißen***
Mi chiamo Francesco.	*Ich heiße Francesco.*
E tu, come ti chiami?	*Und du, wie heißt du?*
La ragazza si chiama Paoletta.	*Das Mädchen heißt Paoletta.*
E Lei, come si chiama?	*Und Sie, wie heißen Sie?*

1.5 Essere *(sein)*: Indikativ Präsens (indicativo del presente)

essere	***sein***
sono	*ich bin*
sei	*du bist*
è	*er/sie/es ist*
siamo	*wir sind*
siete	*ihr seid*
sono	*sie sind*

Das neutrale „es/das" wird im Italienischen durch die 3. Person Singular ausgedrückt:

È vero.	*Es/Das ist wahr.*

1.6 Avere *(haben)* – fare *(machen)* – andare *(gehen)* – stare *(sich befinden)*: Indikativ Präsens (indicativo del presente)

avere	***haben***	**fare**	***machen***	**andare**	***gehen***	**stare**	***sich befinden***
ho	*ich habe*	faccio	*ich mache*	vado	*ich gehe*	sto	*ich befinde mich*
hai	*du hast*	fai	*du machst*	vai	*du gehst*	stai	*du befindest dich*
ha	*er/sie/es hat*	fa	*er/sie/es macht*	va	*er/sie/es geht*	sta	*er/sie/es befindet sich*
abbiamo	*wir haben*	facciamo	*wir machen*	andiamo	*wir gehen*	stiamo	*wir befinden uns*
avete	*ihr habt*	fate	*ihr macht*	andate	*ihr geht*	state	*ihr befindet euch*
hanno	*sie haben*	fanno	*sie machen*	vanno	*sie gehen*	stanno	*sie befinden sich*

1.7 Die Subjektpronomen (i pronomi personali in funzione di soggetto)

Non sono una turista, io lavoro in questo albergo.
Ich bin keine Touristin, ich arbeite in diesem Hotel.

Ecco il padre di Francesco e la ragazza inglese.

Lui è giornalaio, lei lavora in un albergo.
Er ist Zeitschriftenhändler, sie arbeitet in einem Hotel.

io	sono	*ich bin*
tu	sei	*du bist*
lui	è	*er ist*
lei	è	*sie ist*
Lei	è	*Sie sind (Höflichkeitsform)*
noi	siamo	*wir sind*
voi	siete	*ihr seid*
loro	sono	*sie sind*

Im Italienischen werden Subjektpronomen nur gebraucht, wenn eine Person besonders betont werden soll oder der Bezug nicht eindeutig ist.

Tu, chi sei?
Wer bist (denn) du?

Lei, chi è?
Wer sind (eigentlich) Sie?

Come ti chiami tu?
Wie heißt denn du?

E Lei, come si chiama, signore?
Und wie heißen Sie (eigentlich)?

Voi, chi siete?
Wer seid ihr (eigentlich)?

Die Höflichkeitsform für eine einzelne Person ist die 3. Person Singular Femininum, für mehrere Personen in formeller Sprache die 3. Person Plural, im Allgemeinen jedoch die 2. Person Plural. Die Personalpronomen werden dabei großgeschrieben.

1.8 C'è/ci sono – ecco

c'è/ci sono

Che cosa c'è in un'edicola e che cosa non c'è? –
Ci sono giornali e schede telefoniche, ma non c'è il gelato.
Was gibt es in einem Kiosk und was gibt es nicht? –
Es gibt Zeitungen und Telefonkarten, aber es gibt kein Eis.

Dem deutschen „es gibt" entspricht im Italienischen «ci» in der vollen oder apostrophierten Form + essere. Damit gibt man Auskunft über das (Nicht-) Vorhandensein einer Sache oder Person (im Französischen: *il y a*).

ecco

Ecco l'edicola.	*Hier ist der Kiosk.*
Ecco Tina, l'amica inglese di Francesco.	*Da ist Tina, Francescos englische Freundin.*
Ecco gli amici di Francesco.	*Da sind Francescos Freunde.*

«Ecco» (*hier/da/dort ist* – im Französischen: *voilà*) wird gebraucht, wenn man direkt auf eine Sache zeigen kann. Es ist unveränderlich und steht ohne ein Verb.

1.9 Die Verneinung – (la negazione)

non	***nicht***
Non è Tina, è Paoletta. Non è italiana. Non è una studentessa.	*Es ist nicht Tina, es ist Paoletta.* *Sie ist keine Italienerin.* *Sie ist keine Studentin.*

«Non» steht vor dem konjugierten Verb.

No	***nein***
Sei Claudio? No, non sono Claudio. Sei Michela? Sì.	*Bist du Claudio? Nein, ich bin nicht Claudio.* *Bist du Michaela? Ja.*

«No» wird verwendet als Gegensatz zu «sì».

► **Beachte!** Soll der Satz nach «no» weitergeführt werden, so steht zusätzlich «non»:

Sei Claudio? **No, non** sono Claudio, sono Francesco.	*Bist du Claudio?* *Nein, ich bin nicht Claudio,* *ich bin Francesco.*

1.10 Die Substantive (i sostantivi)

Das Genus (il genere)

Im Gegensatz zum Deutschen und Lateinischen kennt das Italienische kein Neutrum. Man unterscheidet nur zwischen Maskulinum und Femininum:

Maskulinum		**Femininum**	
l'alberg-o	*der Gasthof/das Hotel*	la chies-a	*die Kirche*
il giornal-e	*die Zeitung*	la madr-e	*die Mutter*

In den meisten Fällen ist den Wörtern das grammatische Geschlecht anzusehen: Die Endung **-o** steht zumeist bei den männlichen Substantiven, die Endung **-a** bei den weiblichen. Nur die Endung **-e** lässt keinen unmittelbaren Rückschluss zu, sodass hier der Artikel oder eine dazugehörige Bestimmung eine entscheidende Rolle spielen.

► **Beachte!** Neben den typisch vokalisch auslautenden Substantiven gibt es auch einige, die auf Konsonant enden. Sie wurden aus anderen Sprachen übernommen und weitgehend in das italienische System integriert, so z. B.: «l'autobus», «il film» oder «il bar».

Singular und Plural (il singolare e il plurale)
Die Pluralbildung bei den Substantiven folgt bestimmten Regeln:

Singular	Plural	Regel
gelat-o giornal-e madr-e cartolin-a	gelat-**i** giornal-**i** madr-**i** cartolin-**e**	o → i e → i a → e

► **Beachte!**

un albergo – due alberghi un'amica – due amiche un lago (*ein See*) – due laghi	Um die „harte" Aussprache des «c» und des «g» beizubehalten haben Substantive, deren Stamm auf «c» oder «g» auslautet, vor den Endungen ein «**h**». **Ausnahme:** un amico – due amici
un autobus – due autobus un film – due film un bar – due bar una città – due città un caffè – due caffè	Wörter, die auf Konsonant oder betonten Vokal enden, haben keine eigene Pluralform.

1.11 Der Artikel (l'articolo)

Der bestimmte und der unbestimmte Artikel (l'articolo determinativo ed indeterminativo)
Auch der bestimmte und der unbestimmte Artikel unterscheiden wie die Substantive zwischen Maskulinum und Femininum. Allerdings stehen hier je nach Anlaut der Substantive mehrere Formen zur Verfügung:

Bestimmter Artikel		Unbestimmter Artikel	
Singular männlich	**Plural männlich**	**männlich**	
il palazzo	**i** palazzi	**un** palazzo	vor Konsonant
l'albergo	**gli** alberghi	**un** albergo	vor Vokal
lo studente **lo** zoo	**gli** studenti **gli** zoo	**uno** studente **uno** zoo	vor s + Konsonant und vor z
Singular weiblich	**Plural weiblich**	**weiblich**	
la chiesa	**le** chiese	**una** chiesa	vor Konsonant
l'edicola	**le** edicole	**un'**edicola	vor Vokal

«lo»/«uno» stehen auch vor den Konsonantengruppen «gn», «ps» und vor «y»:

lo gnomo *der Gnom*, lo psicologo *der Psychologe*, uno yogurt *ein Joghurt*

Die Verwendung der Artikel entspricht im Allgemeinen dem Deutschen.

▶ **Beachte den Unterschied!** Der bestimmte Artikel steht vor «signore», «signorina» und «signora» mit Eigennamen:

Sono il signor Rossini. Dov'è la signora Callas? Ecco la signorina Minelli.
Aber: Mi chiamo Rossini. Buongiorno, signora Callas.

1.12 Die Grundzahlen von 1 bis 20 (i numeri cardinali da 1 a 20)

1	uno	6	sei	11	undici	16	sedici
2	due	7	sette	12	dodici	17	diciassette
3	tre	8	otto	13	tredici	18	diciotto
4	quattro	9	nove	14	quattordici	19	diciannove
5	cinque	10	dieci	15	quindici	20	venti

Die Grundzahlen sind unveränderlich mit Ausnahme von «uno».
Das Zahlwort «uno» verhält sich wie der unbestimmte Artikel:

una ragazza
un giornalaio
uno studente

A casa

2.1 Die Präpositionen (le preposizioni)

accanto a ***neben***	La nuova casa sta accanto a una banca. *Das neue Haus befindet sich neben einer Bank.*
di fronte a ***gegenüber***	Michela abita di fronte a Giuseppe. *Michaela wohnt gegenüber von Giuseppe.*
sotto ***unter***	Paolo Manin abita sotto il tetto. *Paolo Manin wohnt unter dem Dach.*
sopra ***über***	I Formenton hanno un appartamento sopra il negozio di Paolo Manin. *Die Formentons haben eine Wohnung über Paolo Manins Laden.*
davanti ***vor***	La fermata è davanti alla casa. *Die Haltestelle ist vor dem Haus.*
dietro ***hinter***	Dietro la casa c'è un giardino. *Hinter dem Haus ist ein Garten.*
per ***auf*** *(Ortsangabe)*	Per le scale Giuseppe incontra Paolo Manin. *Auf der Treppe (im Treppenhaus) trifft Giuseppe Paolo Manin.*

indietro
rückwärts

2.2 Die Präpositionen mit bestimmtem Artikel (le preposizioni articolate)

Michela deve andare **al** lavoro. *Michaela muss zur Arbeit gehen.*
Jacopo ha una camera per Christoph **dai** Formenton. *Jacopo hat ein Zimmer für Christoph bei den Formentons.*
L'appartamento **dei** Formenton è rumoroso. *Die Wohnung der Formentons ist laut.*
Nel centro di Lucca ci sono molti negozi. *Im Zentrum Luccas sind viele Geschäfte.*
La camera dà **sulla** strada. *Das Zimmer liegt zur Straße hin.*

Folgt auf die Präpositionen «a, da, di, in, su» ein bestimmter Artikel, so verschmelzen die beiden Wörter zu einem.

	il	lo	l'	i	gli	la	le
a	al	allo	all'	ai	agli	alla	alle
da	dal	dallo	dall'	dai	dagli	dalla	dalle
di	del	dello	dell'	dei	degli	della	delle
in	nel	nello	nell'	nei	negli	nella	nelle
su	sul	sullo	sull'	sui	sugli	sulla	sulle

Gelegentlich wird «con» mit dem männlichen Singularartikel verschmolzen:

Paola abita qui **col** suo ragazzo.	*Paola wohnt hier mit ihrem Freund.*

Alle anderen Präpositionen gehen keine Verschmelzungen ein.

2.3 Das Adjektiv (l'aggettivo)

Adjektive sind Wörter, die ein Substantiv näher bestimmen. Sie richten sich in Numerus und Genus nach diesem Substantiv, unabhängig davon, ob sie unmittelbar vor oder nach dem Substantiv stehen (attributiv) oder erst nach dem Verb (prädikativ).

Man unterscheidet zwei Arten von Adjektiven:
- Adjektive, die im Singular auf **-o**/**-a** enden
- Adjektive, die im Singular auf **-e** enden.

Maskulinum		Femininum
Singular	un appartamento modern-**o** *eine moderne Wohnung*	una casa antic-**a** *ein altes Haus*
	un appartamento grand-**e** *eine große Wohnung*	una pizzeria grand-**e** *eine große Pizzeria*
Plural	due appartamenti modern-**i** *zwei moderne Wohnungen*	due case antich-**e** *zwei alte Häuser*
	due appartamenti grand-**i** *zwei große Wohnungen*	due pizzerie grand-**i** *zwei große Pizzerien*

► **Beachte!** Adjektive auf **-co, -ca**/**-go, -ga** bilden den Plural auf **-chi, -che**/**-ghi, -ghe** bzw. auf den [k] und [g]-Laut, wenn die Betonung auf der vorletzten Silbe liegt:

largo	*breit*	larghi/larghe
fresco	*frisch*	freschi/fresche

Liegt die Betonung auf der drittletzten Silbe, so behält nur die weibliche Pluralform den [k]-Laut:

simpatico	simpatici/simpatiche

Bezieht sich ein Adjektiv gleichzeitig auf maskuline und feminine Substantive, so wird die maskuline Form gewählt:

Giulia e Gianni sono italiani.	*Giulia und Gianni sind Italiener.*

Beim attributiven Gebrauch stehen die Adjektive meist nach dem Substantiv und dies immer dann, wenn sie eine unterscheidende Funktion haben, d.h., wenn sie Farben oder eine nationale, politische, konfessionelle oder geografische Zugehörigkeit bezeichnen:

uno studente inglese	*ein englischer Student*
due ragazze tedesche	*zwei deutsche Mädchen*

Ein vorangestelltes Adjektiv hat dagegen eine beschreibende Funktion und drückt häufig eine subjektive Sicht aus:
Sagt man «Lì, c'è un piccolo bagno», drückt man aus, wie das Bad ist.
Sagt man dagegen «Lì, c'è un bagno piccolo», betont man, dass das Bad wirklich klein (und eben nicht groß) ist.

2.4 Dare *(geben)*: Indikativ Präsens (indicativo del presente)

dare	***geben***
do	
dai	
dà	
diamo	
date	
danno	

2.5 Volere *(wollen)*, dovere *(müssen)*: Indikativ Präsens (indicativo del presente)

volere	***wollen***	**dovere**	***müssen***
voglio	vogliamo	devo	dobbiamo
vuoi	volete	devi	dovete
vuole	vogliono	deve	devono

«Volere» und «dovere» können (wie «potere», vgl. → Lektion 4) mit einem Infinitiv stehen. In diesem Fall nennt man diese Verben Modalverben (verbi servili), weil sie das Hauptverb modifizieren:

Vogliamo andare al bar.	*Wir wollen in die Bar gehen.*
Devo trovare una camera.	*Ich muss ein Zimmer finden.*

«Volere» kann auch allein stehen:

Vuoi una pizza?	*Willst du eine Pizza?*

► **Beachte!** Wenn das Verb **dovere** alleine steht, hat es die Bedeutung „schulden, schuldig sein":

Quanto devo a Paola?	*Wie viel schulde ich Paola?*

Non dovere heißt *nicht dürfen*:

I bambini non devono guardare troppo la TV.	*Die Kinder dürfen nicht zu viel fernsehen.*

2.6 Die Verben auf -ire (i verbi in -ire)

1. sentire *hören*	**2. preferire** *vorziehen, lieber mögen*
sent-o	preferi-**sc**-o
sent-i	preferi-**sc**-i
sent-e	preferi-**sc**-e
sent-iamo	prefer-iamo
sent-ite	prefer-ite
sent-ono	preferi-**sc**-ono

Verben der 2. Gruppe sind Verben mit Stammerweiterung.
Um zu verdeutlichen, zu welcher Gruppe ein Verb gehört, ist in der Vokabelliste immer die 1. Person Präsens angegeben.

- Gruppe 1 – wie **sentire**: partire *aufbrechen, abfahren*; dormire *schlafen*; aprire *öffnen*; offrire *anbieten*; servire *(be-)dienen* u. a.
- Gruppe 2 – wie **preferire**: capire *verstehen*; finire *beenden*; spedire *schicken* u. a.

2.7 Das Pronominaladverb «ci» (la particella pronominale ci)

«Ci» als Ersatz für eine Ortsangabe mit «a, da, in, per, su»

Perché vai a Venezia? *Warum fährst du nach Venedig?* Ci vado per visitare i musei. *Ich fahre dorthin, um die Museen zu besichtigen.*	**a**
Andate spesso dai Formenton? *Geht ihr oft zu Formentons?* Sì, ci andiamo spesso. *Ja, wir gehen oft zu ihnen.*	**da**
Che cosa puoi comprare in un'edicola? *Was kannst du an einem Kiosk kaufen?* Ci posso comprare giornali, riviste e fumetti. *Ich kann dort Zeitungen, Zeitschriften und Comics/Heftchen kaufen.*	**in**

→	Per andare a Padova passi per Bologna? *Wenn du nach Padua fährst, kommst du an Bologna vorbei?* No, non ci passo. *Nein, ich komme da nicht vorbei.*	**per**
	Che cosa metti sul tavolo? *Was legst du auf den Tisch?* Ci metto i libri. *Da lege ich die Bücher hin.*	**su**

▶ **Anmerkung:** Bei «da» *(= bei/zu)* bezieht sich «ci» nicht auf die Person, sondern auf den Ort. «Ci» ersetzt auch Ergänzungen mit «a», die sich auf Sachen/Sachverhalte beziehen:

Pensi ancora alla lettera? – Sì, ci penso.

2.8 Das Relativpronomen I (il pronome relativo I)

Arriva nella nuova casa che sta accanto a una banca.
Er kommt im neuen Haus an, das neben einer Bank liegt.

Il giornale che Tina compra si chiama "Il Tirreno".
Die Zeitung, die Tina kauft, heißt „Il Tirreno".

Das unveränderliche Relativpronomen «che» steht für Personen und Gegenstände. Es wird als Subjekt oder als direktes Objekt gebraucht.

Gente e paesi

3.1 Dire *(sagen)*, sapere *(wissen, können)*: Indikativ Präsens (indicativo del presente)

dire ***sagen***		**sapere** ***wissen, können***	
dico	diciamo	so	sappiamo
dici	dite	sai	sapete
dice	dicono	sa	sanno

Sapere heißt *wissen/können* im Sinne von Kenntnissen bzw. erworbenen Fähigkeiten.

Sai dov'è Mariangela? No, non lo so.
Weißt du, wo Mariangela ist? Nein, ich weiß es nicht.

Sai parlare lo spagnolo? No, ma so parlare il francese.
Kannst du Spanisch sprechen? Nein, aber ich kann Französisch.

3.2 Die Grundzahlen ab 20 (i numeri cardinali dal 20 in poi)

20	venti	26	ventisei	35	trentacinque	80	ottanta
21	ventuno	27	ventisette	38	trentotto	90	novanta
22	ventidue	28	ventotto	40	quaranta	100	cento
23	ventitré	29	ventinove	50	cinquanta		
24	ventiquattro	30	trenta	60	sessanta		
25	venticinque	31	trentuno	70	settanta		

101	centouno/centuno/cento e uno	1 000	mille
102	centodue	1 001	milleuno/mille e uno
103	centotré	1 050	millecinquanta
108	centootto/centotto	1 100	millecento
111	centoundici	1 666	milleseicentosessantasei
170	centosettanta	2 000	duemila
180	centottanta	10 000	diecimila
200	duecento	21 000	ventunmila
300	trecento	25 675	venticinquemila seicentosettantacinque
400	quattrocento	100 000	centomila
500	cinquecento	1 000 000	un milione
600	seicento	2 000 000	due milioni
700	settecento	5 325 896	cinque milioni trecentoventicinquemila ottocentonovantasei
800	ottocento		
900	novecento	1 000 000 000	un miliardo
988	novecentoottantotto	2 000 000 000	due miliardi

- **Zehnerzahlen:** Vor dem Vokal von «uno» und «otto» verliert die Zehnerzahl den Endvokal: **vent**uno, **ottant**otto …
- **mille** hat die Pluralform **mila**

Zahlen vor Nomen

- Bei den mit «uno» zusammengesetzten Zahlen steht die Form «un»: vent**un** libri, trent**un** ragazze, ottant**un** libri. **Aber:** quarant**uno st**udenti!
- Milione und miliardo schließen das folgende Nomen mit der Präposition «di» an: un milione **di** euro, due miliardi **di** lettere

Die Grundzahlen sind maskulin

Ho preso un dieci in matematica.
Ich habe eine Eins in Mathematik bekommen.

Wendungen mit Zahlen

essere in due	*zu zweit sein*
ogni due giorni	*alle zwei Tage*
uno su dieci	*einer von zehn*
uno a uno	*einer nach dem anderen*
non c'è due senza tre	*aller guten Dinge sind drei*

3.3 Die Ordungszahlen (i numeri ordinali)

1°	primo	11°	undicesimo
2°	secondo	12°	dodicesimo
3°	terzo	20°	ventesimo
4°	quarto	31°	trentunesimo
5°	quinto	43°	quarantatreesimo
6°	sesto	58°	cinquantottesimo
7°	settimo	100°	centesimo
8°	ottavo	101°	centunesimo
9°	nono	1000°	millesimo
10°	decimo	10 000°	diecimillesimo

Bei den Ordnungszahlen wird ab der Zahl elf an die Grundzahl **-esimo/ -esima** angefügt, wobei der unbetonte Endvokal der Grundzahl entfällt: il vent**esimo**, il ventidu**esimo**. **Aber:** il ventitr**eesimo**

Wendung: Fabio telefona per l'ennesima volta – *Fabio ruft zum x-ten Mal an.*

3.4 Die Grundrechenarten

l'addizione *die Addition*	1 + 1 = 2	uno più uno fa due *eins plus eins macht zwei*
la sottrazione *die Subtraktion*	3 – 2 = 1	tre meno due fa uno *drei minus zwei macht eins*
la moltiplicazione *die Multiplikation*	2 x 2 = 4	due per due fa quattro *zwei mal zwei macht vier*
la divisione *die Teilung*	8 : 2 = 4	otto diviso (per) due fa quattro *acht geteilt durch zwei macht vier*

3.5 Demonstrativbegleiter und -pronomen (l'aggettivo e il pronome dimostrativo)

Die Formen von «questo» und «quello»

Questo

	Mask. Singular	**Mask. Plural**	**Fem. Sing.**	**Fem. Plural**
als Begleiter	questo libro quest'armadio	questi libri questi armadi	questa casa quest'edicola	queste case queste edicole
als Pronomen	questo	questi	questa	queste

Quello

als Begleiter	quel libro quello studente quell' appartamento	quei libri quegli studenti quegli appartamenti	quella casa quell'edicola	quelle case quelle edicole
als Pronomen	quello	quelli	quella	quelle

Gebrauch

1. Questa camera non dà sulla strada. *Dieses Zimmer (hier) liegt nicht zur Straße.*	Quella (camera) invece sì. *Dieses (dort hinten) dagegen ja.*
2. Prendo queste sedie *Ich nehme (kaufe) diese Stühle*	e anche quelle in cucina. *und auch diejenigen in der Küche.*
3. Questi ragazzi sono italiani. *Diese Jugendlichen sind Italiener.*	E quelli in aula cinque? *Und diejenigen in Saal fünf?*
4. Di chi sono questi CD *Wessen CDs sind das?*	e quei libri? *Und wem gehören diese Bücher dort?*

Questo wird verwendet bei Gegenständen oder Personen, die sich in der Nähe befinden.

Quello wird verwendet bei Gegenständen oder Personen, die sich nicht in der Nähe befinden.

(Für die Zeiten der Vergangenheit vgl. **EG** → 1)

► **Beachte!** «Quello» in Verbindung mit dem Relativpronomen «che»:

Mi piace quello che dici.	*Mir gefällt (das), was du sagst.*

«Das was» wird im Italienischen durch «quello che» ausgedrückt.

3.6 Bello *(schön)*

Die Bildung von «bello» entspricht derjenigen von «quello».

als Begleiter (attributiv)	un bel letto un bell'armadio	bei letti begli armadi	una bella lampada	belle lampade
prädikativ	bello	belli	bella	belle

3.7 Tutto

1. Piero lavora tutto il giorno. *Piero arbeitet den ganzen Tag.* 2. Aspettiamo tutta la notte. *Wir warten die ganze Nacht lang.*	tutto, tutta + Artikel = *ganz*
3. Christoph legge tutti gli annunci. *Christoph liest alle Annoncen.*	tutti, tutte + Artikel = *alle*
4. Scrivo una cartolina a tutte le amiche. *Ich schreibe allen Freundinnen eine Karte.*	a tutti, tutte = *an alle, allen*
1. Capisco tutto. *Ich verstehe alles.*	tutto (alleinstehend) = *alles*
2. Tutti sono al bar. *Alle sind in der Bar.*	tutti, tutte = *alle*
1. Oggi Piero è tutto serio. *Heute ist Piero ganz ernst.* 2. È una stanza tutta tranquilla. *Es ist ein ganz ruhiges Zimmer.* 3. I mobili sono tutti moderni. *Die Möbel sind alle modern.* 4. Ha delle videocassette tutte nuove. *Er hat ganz neue Videocassetten.*	tutto, tutta, tutti, tutte + Adjektiv = *ganz, völlig*
1. Tutti e due vanno al bar. *Alle beide gehen in die Bar.* 2. Oggi studiano tutti e tre. *Heute studieren/lernen alle drei.*	tutti e due, tutte e due = *alle beide* tutti e tre, tutte e tre = *alle drei*

► **Beachte!** Im Relativsatz muss zwischen «tutto» und dem Relativpronomen «che» ein Stützwort in Form eines Demonstrativpronomens stehen (im Allgemeinen eine Form von «quello»).

Tutti quelli che sono in aula cinque studiano l'italiano.
Alle, die im Saal fünf sind, lernen Italienisch.

3.8 Die Farben (i colori)

1. Ti piacciono questi pantaloni rossi? *Gefällt dir diese rote Hose?* Perché non compri la camicetta bianca? *Warum kaufst du die weiße Bluse nicht?* Le due poltrone nere costano 150 euro. *Die zwei schwarzen Sessel kosten 150 Euro.* Fabrizio indossa sempre la stessa maglia verde. *Fabrizio zieht immer dasselbe grüne T-Shirt an.*	Die meisten Farbadjektive sind veränderlich und richten sich im Numerus und Genus nach dem Substantiv. Dazu gehören: rosso,-a; azzurro,-a; giallo,-a; grigio,-a; nero,-a; verde – verdi **Achtung!** bianco – bianca bian**chi** – bian**che**

2. Dove sono le scarpe marroni (marrone) di Claudia? *Wo sind die braunen Schuhe von Claudia?* Secondo te, posso mettere i jeans viola? *Kann ich deiner Ansicht nach die violette Jeans anziehen?*	Einzelne Farbadjektive sind unveränderlich. Dazu gehören: blu, viola, beige, rosa, arancio (*orange*), arancione (*dunkelorange*). Bei «marrone» setzt sich zunehmend der veränderliche Gebrauch durch, der als richtig anerkannt wird.
3. La gonna di Luisa è rosso scuro. *Der Rock von Luisa ist dunkelrot.* Per la festa Fabrizio indossa la camicia azzurro chiaro. *Zum Fest zieht Fabrizio das hellblaue Hemd an.*	Unveränderlich sind Farbadjektive, wenn sie durch ein weiteres Adjektiv (oder Substantiv) ergänzt werden.

3.9 Die unpersönliche si-Konstruktion (il si impersonale)

Die unpersönliche Konstruktion bei Verben ohne direktes Objekt

1. Che cosa si fa in questo corso? – Si parla e si gioca insieme. *Was macht man in diesem Kurs? – Man spricht miteinander und spielt zusammen.*	Zum Ausdruck eines unbestimmten Subjekts („man") verwendet man bei Verben ohne direktes Objekt si + Verb in der 3. Person Singular.

Prädikative Ergänzungen vgl. **EG** → 2

▶ **Wichtige Ausdrücke mit der si-Konstruktion**

si fa buio	*es wird dunkel*
si fa tardi	*es wird spät*

Die unpersönliche Konstruktion bei Verben mit direktem Objekt

Si cerca una studentessa seria come babysitter. *Gewissenhafte Studentin als Babysitterin gesucht.* Si cercano studentesse italiane per conversazione. *Italienische Studentinnen für Konversation gesucht.* Qui si vendono mobili antichi e moderni. *Hier verkauft man alte und neue Möbel./Hier werden … verkauft.*	Folgt auf das unpersönliche «si» ein direktes Objekt, so wird dieses zum grammatischen Subjekt, nach dem sich das Verb richtet (3. Person Singular oder Plural). Die Konstruktion wird häufig anstelle des Passivs verwendet.

Famiglia e amici

4.1 Venire *(kommen)*, uscire *(hinausgehen)*, potere *(können)*: Indikativ Präsens (indicativo del presente)

venire *kommen*		uscire *hinausgehen*		potere *können*	
vengo	veniamo	esco	usciamo	posso	possiamo
vieni	venite	esci	uscite	puoi	potete
viene	vengono	esce	escono	può	possono

Beachte den Unterschied zwischen «saper fare» und «poter fare qualcosa»! (**G** → 3.1)

Gianna sa parlare bene l'inglese. Non so spiegare questo problema.	Non posso venire perché devo lavorare. Dove possiamo mettere i libri?

Sapere drückt ein erlerntes, erworbenes Können aus. **Potere** bedeutet „etwas können", weil es die Umstände erlauben.

4.2 Die Possessivbegleiter (gli aggettivi possessivi)

Mask. Singular			Mask. Plural			Fem. Singular		Fem. Plural	
il	mio	motorino *mein* *Mofa*	i	miei	parenti *meine* *Verwandten*	la mia	amica *meine* *Freundin*	le mie	sorelle *meine* *Schwestern*
il	tuo	motorino *dein* *Mofa*	i	tuoi	parenti *deine* *Verwandten*	la tua	amica *deine* *Freundin*	le tue	sorelle *deine* *Schwestern*
il	suo	motorino *sein/ ihr* *Mofa*	i	suoi	parenti *seine/ihre* *Verwandten*	la sua	amica *seine/ihre* *Freundin*	le sue	sorelle *seine/ihre* *Schwestern*
il	nostro	motorino *unser* *Mofa*	i	nostri	parenti *unsere* *Verwandten*	la nostra	amica *unsere* *Freundin*	le nostre	sorelle *unsere* *Schwestern*
il	vostro	motorino *euer* *Mofa*	i	vostri	parenti *eure* *Verwandten*	la vostra	amica *eure* *Freundin*	le vostre	sorelle *eure* *Schwestern*
il	loro	motorino *ihr (Pl)* *Mofa*	i	loro	parenti *ihre (Pl)* *Verwandten*	la loro	amica *ihre (Pl)* *Freundin*	le loro	sorelle *ihre (Pl)* *Schwestern*

Anders als im Deutschen richten sich die Possessivbegleiter in Genus und Numerus nach dem Besitzobjekt.
Grundsätzlich steht der bestimmte Artikel vor dem Begleiter. Zum Ausdruck bestimmter Inhalte kann aber auch der unbestimmte Artikel stehen:

un tuo amico	*ein Freund von dir*
un suo articolo	*ein Artikel von ihm/ihr*
una loro zia	*eine Tante von ihnen*

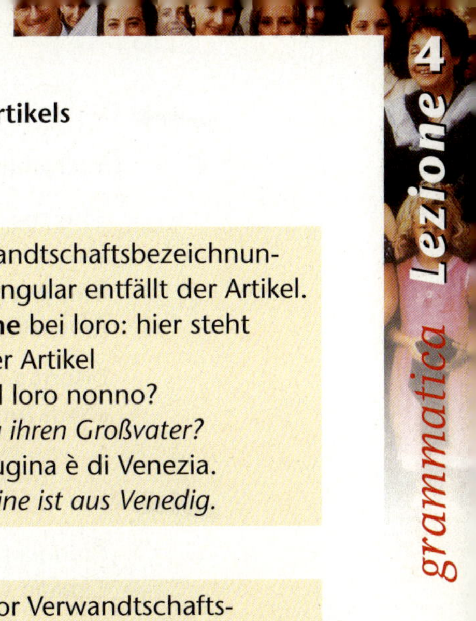

Der Possessivbegleiter und der Gebrauch des Artikels bei Verwandtschaftsbezeichnungen

Ohne Artikel:

Dove abita tuo fratello? *Wo wohnt dein Bruder?* Sua madre è professoressa. *Seine/ihre Mutter ist Lehrerin.* Domani incontro mia cugina *Morgen treffe ich meine Cousine.* Questo è il regalo di nostra nonna. *Das ist das Geschenk von unserer Oma.*	Vor Verwandtschaftsbezeichnungen im Singular entfällt der Artikel. **Ausnahme** bei loro: hier steht immer der Artikel Conosci il loro nonno? *Kennst du ihren Großvater?* La loro cugina è di Venezia. *Ihre Cousine ist aus Venedig.*

Mit Artikel:

Dove abitano i tuoi fratelli? *Wo wohnen deine Brüder?* I suoi genitori lavorano all'ospedale. *Seine/Ihre Eltern arbeiten im Krankenhaus.* Domani incontro le mie cugine. *Morgen treffe ich meine Cousinen.* Questo è il regalo dei nostri nonni. *Das ist das Geschenk von unseren Großeltern.* Le loro sorelle studiano a Padova. *Ihre Schwestern studieren in Padua.*	Vor Verwandtschaftsnamen im Plural
Il mio fratellino – *mein kleiner Bruder* La mia mamma – *meine Mama* Il nostro babbo – *unser Papa* La mia cara sorella – *meine liebe Schwester* Il suo fratello minore – *sein jüngerer Bruder*	Vor Koseformen und bei näheren Bestimmungen mit Adjektiven

4.3 Die Possessivpronomen (i pronomi possessivi)

Il mio appartamento è piccolo, il suo invece è grande. *Meine Wohnung ist klein, seine/ihre Wohnung ist groß.* Prendi la tua macchina? – No, prendo la loro. *Nimmst du dein Auto? – Nein, ich nehme ihres.*	Die Possessivpronomen ersetzen das Substantiv. Sie haben die gleiche Form wie die Begleiter und stehen immer mit dem Artikel.

► **Beachte die Wendung!**

Come stanno i tuoi? *Wie geht es deiner Familie/deinen Familienangehörigen?*
Entsprechend: i miei, i suoi, i nostri, i vostri, i loro

È tuo questo libro? – Sì, è mio. *Gehört dir das Buch? – Ja, es gehört mir.* Di chi sono questi fumetti? – Sono suoi. *Wem gehören die Comics? – Sie gehören ihm.*	«Essere» + Possessivpronomen bedeutet „gehören" und steht ohne den Artikel.

Wendung mit nachgestelltem Possessivpronomen:
a casa mia, tua, sua … – *bei mir, dir, ihm/ihr zuhause*

4.4 Bisogna ↔ avere bisogno di

Unterscheide:

Che cosa bisogna fare? *Was ist zu tun?* Bisogna pulire la camera. *Man muss das Zimmer putzen.*	Ho bisogno di una lampada. *Ich brauche eine Lampe.* Non abbiamo bisogno della macchina. *Wir brauchen das Auto nicht.*
bisogna + Infinitiv = *etwas tun müssen*	avere bisogno di = *etwas brauchen*

4.5 Die reflexiven Verben (i verbi riflessivi)

Claudia si alza e va in bagno. *Claudia steht auf und geht ins Bad.*	alzarsi
Alle sette e un quarto si veste. *Um Viertel nach sieben zieht sie sich an.*	vestirsi
Però oggi non si sente bene. *Heute allerdings fühlt sie sich nicht wohl.*	sentirsi

Reflexive Verben finden wir in allen drei Konjugationen:

alzarsi ***aufstehen***	**vestirsi** ***sich anziehen***	**sentirsi** ***sich fühlen***
mi alzo ti alzi si alza ci alziamo vi alzate si alzano	mi vesto ti vesti si veste ci vestiamo vi vestite si vestono	mi sento bene ti senti bene si sente bene ci sentiamo bene vi sentite bene si sentono bene

Unterschiede zum Deutschen vgl. **EG** → 3

Stellung der Reflexivpronomen

1. Claudia si trucca un po'. *Claudia schminkt sich ein wenig.* Claudia e Carlo si fermano in un bar. *Claudia und Carlo machen in einer Bar Halt.* Domani ci alziamo presto. *Morgen stehen wir früh auf.*	Die Reflexivpronomen stehen in der Regel vor dem konjugierten Verb.
2. Prima di vestirsi Paolo prende un caffè. *Bevor er sich anzieht, trinkt Paolo einen Kaffee.* Dobbiamo sbrigarci./Ci dobbiamo sbrigare. *Wir müssen uns beeilen.*	Gibt es im Satz einen Infinitiv, so wird das Reflexivpronomen an den Infinitiv angehängt. Bei der Kombination von Modalverben und Infinitiv kann es entweder an den Infinitiv angehängt oder dem Modalverb vorangestellt werden.

Reflexivpronomen und das si impersonale (vgl. **G** → 3.9)

Qui non ci si diverte. *Hier amüsiert man sich nicht.* In un piccolo paese ci si aiuta a vicenda. *In einem kleinen Dorf hilft man sich gegenseitig.* Quando si va a una festa ci si veste bene. *Wenn man zu einer Feier geht, zieht man sich gut an.*	Treffen zwei «si» (reflexives «si» und das «si impersonale») zusammen, so wird das erste «si» zu «ci».

4.6 Das passato prossimo

Das **passato prossimo** ist eine zusammengesetzte Zeit. Es wird gebildet aus einer konjugierten Form von «avere» oder «essere» und dem Partizip Perfekt des betreffenden Verbs. Es drückt abgeschlossene Handlungen und Vorgänge in der Vergangenheit aus.

4.6.1 Die regelmäßige Bildung des Partizip Perfekt (la formazione del participio passato)

Das Partizip Perfekt wird bei den meisten Verben mit dem Stamm und den Endungen **-ato**, **-uto**, **-ito** gebildet:

pag- + **-ato** → pagato	vend- + **-uto** → venduto	sent- + **-ito** → sentito
(are) *bezahlt*	(ere) *verkauft*	(ire) *gehört*

Die meisten unregelmäßigen Formen gibt es bei den Verben auf **-ere**:

accendere	*anstellen, anzünden*	→ acceso
chiedere	*fragen*	→ chiesto
chiudere	*schließen*	→ chiuso
discutere	*diskutieren*	→ discusso
leggere	*lesen*	→ letto
mettere	*setzen, legen*	→ messo
perdere	*verlieren*	→ perso
piangere	*weinen*	→ pianto
prendere	*nehmen*	→ preso
rimanere	*bleiben*	→ rimasto,-a
rispondere	*antworten*	→ risposto
rompere	*zerstören*	→ rotto
scendere	*aussteigen*	→ sceso
scrivere	*schreiben*	→ scritto
spegnere	*ausschalten*	→ spento
spendere	*ausgeben*	→ speso
vedere	*sehen*	→ visto

Verben auf **-ire**:

aprire	*öffnen*	→ aperto
dire	*sagen*	→ detto
offrire	*anbieten*	→ offerto
venire	*kommen*	→ venuto

Sonstige

essere	→ stato, -a
fare	→ fatto
bere	→ bevuto

4.6.2 Die Bildung des passato prossimo

1. Ieri sera i ragazzi prima hanno giocato a carte. *Gestern Abend haben die jungen Leute zuerst Karten gespielt.* 2. Alle 22 sono usciti per vedere un film. *Um 22 Uhr sind sie ausgegangen, um einen Film zu sehen.*	Bei «**avere**» bleibt das Partizip unverändert (Ausnahme vgl. **G** → 7.4). Bei «**essere**» richtet sich das Partizip in Geschlecht und Zahl nach dem Subjekt.
1. Mit «avere» Giovanna racconta: "Verso le sette ho preparato un caffè e subito dopo ho cominciato a lavorare. Ho acceso il computer e ho finito di scrivere la mia tesina. Alle dieci ha telefonato Paolo e abbiamo deciso di uscire insieme." *Giovanna erzählt: „Gegen sieben Uhr habe ich einen Kaffee gemacht und sofort angefangen zu arbeiten. Ich habe den Computer angemacht und meine Hausarbeit beendet. Um zehn Uhr hat Paolo angerufen, und wir haben beschlossen zusammen auszugehen."*	**Wie im Deutschen:** 1. Alle Verben mit einem direkten Objekt (transitive Verben) 2. Die meisten intransitiven Verben (Ausnahmen unter «essere»)
Auch mit «avere» I miei genitori hanno viaggiato molto. Abbiamo camminato a lungo per trovare il negozio.	**Im Gegensatz zum Deutschen:** viaggiare – *reisen* camminare – *gehen, laufen*
2. Mit «essere» "Alle undici sono andata in cucina. Ci sono rimasta un po' e poi sono tornata nel mio studio. Verso mezzogiorno sono arrivate due amiche mie per portarmi un libro. Ma sono andate via subito dopo." *„Um elf Uhr bin ich in die Küche gegangen. Dort bin ich ein bisschen geblieben und dann bin ich in mein Arbeitszimmer zurückgegangen. Gegen Mittag sind zwei meiner Freundinnen gekommen, um mir ein Buch zu bringen. Aber sie sind kurz darauf weggegangen."*	**Wie im Deutschen:** Verben • die meist eine Bewegungsrichtung • einen Zustand (Zustandswechsel) ausdrücken
Alex si è comprato il nuovo CD di Nek. *Alex hat sich die neue CD von Nek gekauft.* Giovanna si è alzata alle sei meno un quarto. *Giovanna ist um Viertel vor fünf aufgestanden.* Ci siamo sbrigati (-e) molto. *Wir haben uns sehr beeilt.* I bambini si sono svegliati troppo presto. *Die Kinder sind zu früh aufgewacht.* Le studentesse si sono iscritte ad un corso di yoga. *Die Studentinnen haben sich für einen Yoga-Kurs angemeldet.*	**Achtung!** **Im Gegensatz zum Deutschen:** • alle reflexiven und reflexiv gebrauchten Verben
Immer mit «essere» I libri mi sono piaciuti molto. Quanto sono costati i fumetti? I soldi non sono bastati.	**Im Gegensatz zum Deutschen:** piacere – *gefallen* costare – *kosten* bastare – *genügen, reichen*

► **Wechselnder Gebrauch von «avere» und «essere»**
Je nachdem, ob bestimmte Verben intransitiv (ohne Objekt) oder transitiv (mit Objekt) gebraucht werden, werden sie mit «essere» oder «avere» verbunden. Meist gibt es auch einen Bedeutungsunterschied.

(intransitiver Gebrauch) **mit «essere»**	(transitiver Gebrauch) **mit «avere»**
Il film è finito a mezzanotte. *Um Mitternacht war der Film zu Ende.*	Giovanna ha finito la tesina. *Giovanna hat die Hausarbeit beendet.*
I tempi sono cambiati. *Die Zeiten haben sich geändert.*	Ho cambiato idea. *Ich habe meinen Plan geändert.*
La festa è cominciata alle sette. *Das Fest hat um sieben Uhr begonnen.*	Ieri abbiamo cominciato una nuova lezione. *Gestern haben wir eine neue Lektion angefangen.*
La discussione è continuata fino alle undici. *Die Diskussion ging bis elf Uhr weiter.*	Non hanno continuato il lavoro. *Sie haben die Arbeit nicht fortgesetzt.*

Zum Gebrauch von «essere/avere» vgl. auch **EG** → 4

4.7 Die Uhrzeit

	Che ora è? Che ore sono?	A che ora …?
9.00	Sono le nove (precise/in punto).	Alle nove.
9.05	Sono le nove e cinque.	Alle nove e cinque.
9.15	Sono le nove e un quarto/e quindici.	Alle nove e un quarto/e quindici.
9.30	Sono le nove e mezzo/e mezza/e trenta.	Alle nove e mezzo/mezza/e trenta.
9.40	Sono le nove e quaranta/dieci meno venti.	Alle nove e quaranta./Alle dieci meno venti.
9.45	Sono le dieci meno un quarto/le nove e quarantacinque.	Alle dieci meno un quarto./Alle nove e quarantacinque.
9.55	Sono le dieci meno cinque/le nove e cinquantacinque.	Alle dieci meno cinque./Alle nove e cinquantacinque.

► **Beachte!**

12.00 Uhr:	Sono le dodici. È mezzogiorno.	Alle dodici./A mezzogiorno.
1.00 Uhr:	È l'una. *Es ist ein Uhr.*	All'una. *Um ein Uhr.*
24.00 Uhr:	È mezzanotte.	A mezzanotte.

Bei offiziellen Zeitangaben werden 24 Stunden gezählt:

Il treno arriva alle 22.53 (alle ore ventidue e cinquantatré).

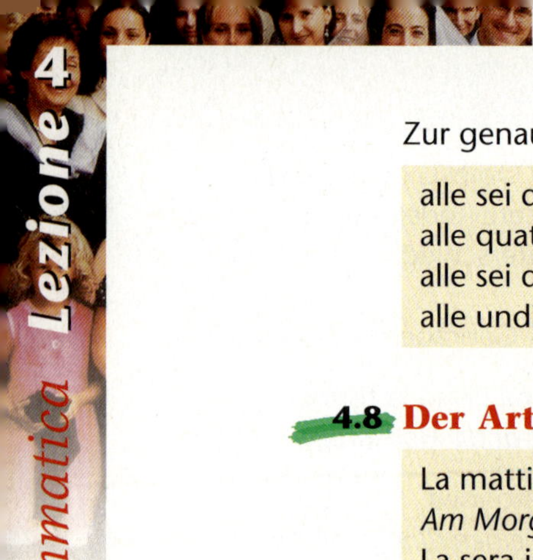

Zur genaueren Angabe der Tageszeit kann man ergänzen:

alle sei di mattina	*um sechs Uhr morgens*
alle quattro del pomeriggio	*um vier Uhr nachmittags*
alle sei di sera	*um sechs Uhr abends*
alle undici di notte	*um elf Uhr nachts*

4.8 Der Artikel bei Tageszeiten und Wochentagen

La mattina esco di casa alle sette e mezzo. – *Am Morgen, morgens …* La sera invito spesso degli amici. – *Am Abend, abends …* La notte si sente molto rumore qui. – *In der Nacht, nachts …* Che cosa fai la domenica? – *… sonntags?* Il martedì vado al corso tandem. – *Dienstags …*	**Tageszeiten** Mit Artikel in der Bedeutung: *jeden Morgen, sonntags …* **Ausnahme!** pomeriggio **nel** pomeriggio
Che cosa fai domenica? – *… am Sonntag?* Puoi venire sabato? – *… am Samstag …?* Domenica ho incontrato gli amici. – *Am Sonntag …*	**Wochentage** Ohne Artikel in der Bedeutung: *am letzten/nächsten … Montag* etc.

I piaceri della tavola

5.1 Mengenangaben (le quantità)

Vorrei	un chilo	di	mele	, per favore.
	una fetta	di	torta alle fragole	
	una porzione	di	penne al pesto	
	un etto	di	salame	
	due etti	di	prosciutto crudo	
	mezzo chilo	di	pomodori	
	un mazzetto	di	prezzemolo	
	un po'	di	basilico	
	500 grammi	di	pane integrale	
	un metro	di	stoffa	
	una scatola	di	caramelle	
	un pacchetto	di	sale	
	un sacchetto	di	riso	
	una tazza	di	caffè	
	un pezzo	di	formaggio dolce	
	un litro	di	latte	
	un bicchiere	di	vino rosso	
	una bottiglia	di	olio d'oliva	

Nach einer Mengenbezeichnung steht vor dem folgenden Substantiv die Präposition «di» (vgl. französisch: *un kilo de pommes*, englisch: *a bottle of wine*).

► **Beachte!**

mezzo chilo di pomodori (ohne Artikel) – *ein Pfund (halbes Kilo) Tomaten*

Weitere Mengenangaben, Kollektivzahlen und Vervielfältigungszahlen: vgl. **EG** → 5

5.2 Die unbestimmten Begleiter (gli aggettivi indefiniti)

Die Indefinita drücken eine unbestimmte Menge aus. Sie stehen **ohne** die Präposition «di».

Ieri ho comprato molta frutta. – *... viel Obst ...* I bambini mangiano poca verdura. – *... wenig Gemüse ...* In città ci sono sempre tanti turisti. – *... so viele Touristen.* Ho messo troppo zucchero nel caffè. – *... zu viel Zucker ...* Sul tavolo ci sono alcune pesche. – *... einige Pfirsiche.*	**veränderlich** molto, molta *viel* poco, poca *wenig* tanto, tanta *so viel* troppo, troppa *zu viel* alcuni, alcune *einige*
Nella borsa della spesa c'è ancora qualche pomodoro. – *... einige Tomaten.*	**unveränderlich** qualche + Singular *einige*

5.3 «Etwas»

Abbiamo ancora un po' di formaggio.	un po' di (Kurzform von poco) = *etwas, ein wenig, ein bisschen*
Vorrei qualcosa di dolce.	qualcosa + di + Adjektiv

► **Beachte!** Vuoi qualcos'altro? *Möchtest du sonst noch etwas?*

5.4 Der Infinitivanschluss mit «da»

Marco e Alessandra hanno qualcosa da festeggiare. *Marco und Alessandra haben etwas zu feiern.* Ho tante (molte, troppe, poche, alcune) cose da fare. *Ich habe so viel (viel, zu viel, wenig, etwas/einiges) zu tun.* C'è ancora molto da dire. *Es gibt noch viel zu sagen.* C'è poco da fare. *Da ist wenig zu machen.*	Indefinitbegleiter oder -pronomen + da + Infinitiv
Che cosa prendi da bere? *Was nimmst du zu trinken?* Cosa compriamo da mangiare? *Was kaufen wir uns zu essen?*	In der Bedeutung von „zum“: Verb + da + Infinitiv
Questo museo è interessante da vedere. *Dieses Museum ist sehenswert.* Questi problemi sono difficili da spiegare. *Diese Probleme sind schwer zu erläutern.*	essere + Adjektiv + Infinitiv

5.5 Der Teilungsartikel (l'articolo partitivo)

Alessandra e Marco prendono **del** pane. *Alessandra und Marco kaufen Brot.* Alessandra sa dove comprare **della** pasta freschissima. *Alessandra weiß, wo man ganz frische Nudeln kaufen kann.* Lì vendono **dei** pomodori maturi. *Dort werden reife Tomaten verkauft.* Per l'antipasto ci vogliono ancora **delle** mozzarelle. *Für die Vorspeise brauchen wir noch Mozzarella.*	**Der Teilungsartikel** di + Artikel Er steht zum Ausdruck einer unbestimmten Menge.

Non ho banane mature. *Ich habe keine reifen Bananen.*	**Er entfällt** • in verneinten Sätzen
Prendono **poco** prosciutto crudo. *Sie nehmen (kaufen) wenig rohen Schinken.*	• nach Mengenangaben
Abbiamo anche **bisogno di** latte. *Wir brauchen auch Milch.*	• nach Wendungen mit der Präposition «di»
Comprano del **prezzemolo,** del **basilico, origano e aglio.** *Sie kaufen Petersilie, Basilikum, Oregano und Knoblauch.*	• in Aufzählungen ab dem dritten oder vierten Element
Marco mangia le penne senza parmigiano. *Marco isst die Penne ohne Parmesan.*	• nach einer Präposition und folgendem Substantiv im Singular.
Aber: Siamo usciti con degli amici. *Wir sind mit Freunden ausgegangen.*	Vor einem Substantiv im Plural steht meist der Teilungsartikel.

5.6 Das Pronominaladverb «ne»

«**Ne**» ersetzt Ergänzungen mit «da» und «di».

Quando siete tornati dall'Italia? – Ne siamo tornati tre giorni fa. *Wann seid ihr aus Italien zurückgekehrt? – Wir sind vor drei Tagen (von dort) zurückgekehrt.*	Ortsangaben mit «da», im Sinne von „aus ...“
Ad Alessandra non piace il pesce, allora non ne prende. *Alessandra mag keinen Fisch, also nimmt sie keinen (= nichts davon).* Ecco il salame della regione. Quanto ne vuole? – Me ne dia tre etti. *Das ist Salami aus der Region. Wie viel möchten Sie (davon)? – Geben Sie mir 300 g (davon).* Manca ancora la farina. Allora ne compriamo un pacchetto. *Es fehlt noch Mehl. Kaufen wir also ein Päckchen (davon).*	In der Bedeutung „davon“ bezieht sich «ne» auf schon Genanntes und bezeichnet davon eine Teilmenge.
Laura, sei rimasta contenta del tuo viaggio? – Sì, ne sono contenta. *Laura bist du denn zufrieden mit der Reise? – Ja, ich bin sehr zufrieden (damit).* Parlate spesso della ragazza alla pari? – Sì, ne parliamo spesso. *Sprecht ihr oft über das Au-pair-Mädchen? – Ja, wir sprechen oft über sie.*	Ergänzungen mit «di» • für Dinge bzw. Sachen • für Personen

5.7 Der Imperativ I (l'imperativo I)

5.7.1 Der Imperativ der 2. Person Singular (bejaht und verneint)

Verben auf **-are**	Verben auf **-ere**	Verben auf **-ire**
Marco, torna presto stasera! *Marco, komm heute Abend früh zurück!*	Decidi tu, tesoro! *Entscheide du, mein Schatz!*	Senti, Marco. Finisci questo lavoro, per cortesia! *Hör mal, Marco. Beende diese Arbeit, bitte!*
Non cominciare con il dolce! *Beginn nicht mit dem Nachtisch!*	Non prendere la macchina! *Nimm nicht das Auto!*	Non aprire la finestra! *Öffne das Fenster nicht!*

Verben auf
-are: entspricht der Konjugation der 3. Person Singular Präsens
-ere, **-ire:** entspricht der Konjugation der 2. Person Präsens
Verneinung: **non** + Infinitiv

Unregelmäßige Formen des bejahten Imperativs

dare	da'/dai!	fare	fa'/fai!	dire	di'!
stare	sta'/stai!	andare	va'/vai!	avere	abbi!
				essere	sii!

5.7.2 Der Imperativ der 1. und 2. Person Plural

Andiamo a cena fuori! *Lass uns essen gehen!*	Prendiamo un po' di antipasti! *Lass uns ein paar Antipasti nehmen!*	Usciamo subito! *Gehen wir sofort weg!*
Entrate! *Kommt herein!*	Mettete i libri sul tavolo! *Legt die Bücher auf den Tisch!*	Venite con noi! *Kommt mit uns!*
		Finite questo lavoro! *Beendet diese Arbeit!*
Non entrate! *Kommt nicht herein!*	Non discutete sempre! *Diskutiert nicht immer!*	Non andate via! *Geht nicht weg!*

Die Verbformen entsprechen den Formen des Indikativ Präsens.
Der Imperativ steht im Italienischen in der Regel mit dem Ausrufezeichen.
Wie im Deutschen kann aber auch ein Punkt gesetzt werden.

5.7.3 Der Imperativ in der Höflichkeitsform

Guardi, i vini sono sul menù! *Schauen Sie, die Weine stehen auf der Speisekarte!* Brindi con noi! *Stoßen Sie mit uns an!*	Prenda il pesce! *Nehmen Sie den Fisch!*	Apra la finestra! *Öffnen Sie das Fenster!* Finisca il lavoro e venga alle sette! *Beenden Sie die Arbeit und kommen Sie um sieben!*
Non ci pensi! *Denken Sie nicht daran!*	Non prenda questo vino! *Nehmen Sie diesen Wein nicht!*	Non parta! *Gehen/Fahren Sie nicht weg!*
Verben auf **-are:** → i	auf **-ere:** → a	auf **-ire:** → a, an den Stamm der ersten Person

Unregelmäßige Formen

dare	dia
fare	faccia
avere	abbia
dire	dica

stare	stia
andare	vada
essere	sia

► **Beachte!** Bei einer Aufforderung an zwei oder mehr Personen in der Höflichkeitsform verwendet man in der Regel die 2. Person Plural.

Signori, accomodatevi!
Setzen Sie sich, meine Damen und Herren!

Signori, prendete pure un dolce, è molto buono!
Nehmen Sie doch einen Nachtisch, meine Damen und Herren, er ist sehr gut!

5.8 Ci vuole/ci vogliono *(man braucht)*

Das unpersönliche Verb «ci vuole/ci vogliono» richtet sich nach dem Bezugswort und steht entsprechend im Singular oder im Plural.

Per preparare una pizza per quattro persone ci vuole un chilo di farina.
Um eine Pizza für vier Personen zuzubereiten, braucht man ein Kilo Mehl.

Per comprare una Vespa ci vogliono molti soldi!
Um eine Vespa zu kaufen, braucht man viel Geld!

Un viaggio a Venezia

6.1 Das Konditional I (il condizionale presente)

Regelmäßige Bildung

parl-**are**	prend-**ere**	prefer-**ire**
parl-**erei**	prend-**erei**	prefer-**irei**
parl-**eresti**	prend-**eresti**	prefer-**iresti**
parl-**erebbe**	prend-**erebbe**	prefer-**irebbe**
parl-**eremmo**	prend-**eremmo**	prefer-**iremmo**
parl-**ereste**	prend-**ereste**	prefer-**ireste**
parl-**erebbero**	prend-**erebbero**	prefer-**irebbero**

Anstelle der Infinitivendung erhält der Stamm die folgenden Endungen:
Verben auf **-are** und **-ere**: -erei, -eresti, -erebbe, -eremmo, -ereste, -erebbero
Verben auf **-ire**: -irei, -iresti, -irebbe, -iremmo, -ireste, -irebbero

Abweichende Endung bei einigen endungsbetonten Verben

andare → andrei etc.

avere	→	avrei etc.
dovere	→	dovrei
potere	→	potrei
sapere	→	saprei
vedere	→	vedrei

Sonstige unregelmäßige Formen

dare	→	darei
fare	→	farei
rimanere	→	rimarrei
stare	→	starei
venire	→	verrei
volere	→	vorrei

essere
sarei
saresti
sarebbe
saremmo
sareste
sarebbero

6.2 Gebrauch

Im Deutschen gibt es kein Konditional (vgl. aber engl. *conditional*, frz. *conditionnel*). Dieser Modus wird im Deutschen entweder durch die Umschreibung mit „würde", „hätte" oder durch den Konjunktiv II ausgedrückt.

Das Konditional drückt aus:

Mi piacerebbe uscire con Mario. *Ich würde gerne mit Mario ausgehen.* Non vorremmo spendere tanto. *Wir möchten nicht so viel ausgeben.* Avremmo tanta voglia di andare a Venezia. *Wir hätten große Lust, nach Venedig zu fahren.* Potresti già prenotare? *Könntest du schon (einmal) reservieren?*	einen Wunsch
Dovresti lasciare un acconto. *Du müsstest ein Anzahlung leisten.*	eine höfliche Bitte, eine abgeschwächte Aufforderung
Direi di sì. *Ich würde sagen, „ja". (Einverstanden.)* Consiglierei di andarci a settembre. *Ich würde vorschlagen (dazu raten), im September dorthin zu fahren.* Avrei delle offerte interessantissime. *Ich hätte sehr interessante Angebote.*	eine zurückhaltende, vorsichtige Äußerung
Questo sarebbe l'ideale. *Das wäre ideal.*	eine Annahme, Vermutung

6.3 Monate und Jahreszeiten (i mesi e le stagioni dell'anno)

I mesi

gennaio	*Januar*	luglio	*Juli*
febbraio	*Februar*	agosto	*August*
marzo	*März*	settembre	*September*
aprile	*April*	ottobre	*Oktober*
maggio	*Mai*	novembre	*November*
giugno	*Juni*	dicembre	*Dezember*

Wendungen: Vorremmo andare a Venezia in/a/nel mese di settembre.
nella prima/seconda … settimana di settembre.

Le stagioni

in primavera	*im Frühling*	in autunno/d'autunno	*im Herbst*
in estate/d'estate	*im Sommer*	in inverno/d'inverno	*im Winter*

6.4 Das Datum (la data)

Beim Datum werden die Grundzahlen verwendet; nur für den Ersten des Monats steht die Ordnungszahl.

Oggi è il sei luglio. Partiamo il primo agosto e torniamo il venti.
Heute ist der 6. Juli. Wir fahren am 1. August weg und kommen am 20. zurück.

Siamo a Palermo dal diciassette al venticinque ottobre.
Wir sind vom 17. bis zum 25. Oktober in Palermo.

Weitere Wendungen zu Zeitangaben vgl. **EG** → 6

6.5 Die Steigerung der Adjektive und der Vergleich

6.5.1 Der Komparativ

Bildung

Questo albergo è più economico. *Dieses Hotel ist preiswerter.* Questo negozio è meno caro. *Dieses Geschäft ist weniger (nicht so) teuer.*	Beim Vergleich werden «più» oder «meno» dem Adjektiv vorangestellt.
Entriamo in questa trattoria, è migliore di quell'altra. *Gehen wir in diese Trattoria, sie ist besser als die andere.* Quest'albergo è cattivo. Ma quell'altro è ancora peggiore. *Dieses Hotel ist schlecht. Aber das andere ist noch schlechter.*	**Sonderformen** „besser" (Adj.): migliore, migliori „schlechter": peggiore, peggiori

► **Beachte!**

più buono, -a – *freundlicher, hilfsbereiter* più cattivo, -a – *böser, gemeiner*

Weitere Sonderformen

piccolo, minore: mio fratello minore – *mein jüngerer Bruder*
grande, maggiore: sua sorella maggiore – *seine/ihre ältere Schwester*

6.5.2 Wiedergabe von „als"

Sei più bello di Piero. *Du bist schöner als Piero.* I tuoi capelli sono più neri della notte. *Deine Haare sind schwärzer als die Nacht.* Gli altri sono meno spiritosi di te. *Die anderen sind weniger geistreich als du.* Quest'appartamento è meno luminoso di quello. *Diese Wohnung ist weniger hell als jene.*	Vor einem • Namen • Substantiv • Pronomen steht **«di»**
Preferirei morire che vivere senza te. *Ich würde lieber sterben, als ohne dich zu leben.* Meglio oggi che domani. *Besser heute als morgen.* Nino è più furbo che intelligente. *Nino ist eher schlau als intelligent.* A Venezia ci sono più turisti che a Torino. *In Venedig sind mehr Touristen als in Turin.*	Vor einem • Verb • Adverb • Adjektiv • einer Präposition steht **«che»**

▶ **Beachte!**

Werden zwei Nomina verglichen, so steht ebenfalls **che**:

A Venezia ci sono più canali **che** strade.
In Venedig gibt es mehr Kanäle als Straßen.

Vor einer Zahl steht **di**:

Abbiamo pagato meno **di** 100 euro.
Wir haben weniger als 100 Euro gezahlt.

(vgl. → als + Nebensatz **EG** → 10)

6.5.3 Wiedergabe von „so … wie“

Sei (così) dolce come il miele. *Du bist (so) süß wie Honig.* Sei (così) profumata come una rosa. *Du riechst so gut wie eine Rose.*	Eine Übereinstimmung wird ausgedrückt durch «(così) ... come».

6.5.4 Der relative Superlativ

Venezia è la città più romantica del mondo. *Venedig ist die romantischste Stadt der Welt.* In questa via ci sono i negozi meno cari della cittá. *In dieser Straße sind die günstigsten Geschäfte der Stadt.*	Je nach Stellung des Adjektivs: Artikel + Nomen + più/meno + Adjektiv
Tra noi tre, Paolo ha l'appartamento meno grande. *Von uns dreien hat Paolo die kleinste (die am wenigsten große) Wohnung.* Sono il più felice degli uomini quando ti vedo. *Ich bin der glücklichste Mensch, wenn ich dich sehe.*	Artikel + più/meno + Adjektiv + Nomen

▶ **Beachte!**

i migliori ristoranti	– *die besten Restaurants*
i peggiori momenti	– *die schlimmsten Augenblicke*

6.5.5 Der absolute Superlativ

L'albergo fa delle offerte interessantissime. *Das Hotel macht äußerst interessante Angebote.* Il turismo è importantissimo per l'economia della città. *Der Tourismus ist für die städtische Wirtschaft ausgesprochen wichtig.*	Mit dem Suffix **-issimo, -a** wird die Bedeutung des Grundwortes verstärkt. Im Deutschen steht dafür meist ein Adverb wie „sehr, extrem, äußerst, wirklich, höchst“.

Sonderformen	ottimo, -a, -i, -e	– *ausgesprochen gut, hervorragend*
	pessimo, -a, -i, -e	– *sehr schlecht, verheerend*

Weitere Sonderformen vgl. **EG** → 7

Tutti a scuola!

7.1 Das direkte und das indirekte Objekt

Das direkte Objekt	Das indirekte Objekt
Oggi scriviamo **un test**. *Heute schreiben wir einen Test.*	Gianna scrive a **Paolo.** *Gianna schreibt an **Paolo.*** Luca dà il libro alla sua vicina di banco. *Luca gibt seiner Banknachbarin das Buch.*
Das direkte Objekt wird direkt an das Verb angeschlossen.	Das indirekte Objekt wird durch die Präposition **«a»** angeschlossen (deshalb die Bezeichnung „indirekt"). Das direkte Objekt steht durchweg vor dem indirekten.

► **Beachte!**

La scuola si trova a Parma. *Die Schule befindet sich in Parma.* Michela pensa spesso a Roma. *Michaela denkt oft an Rom.*	Hier handelt es sich nicht um indirekte Objekte, sondern um eine Ortsangabe bzw. ein Präpositionalobjekt mit «a». Sie werden ersetzt durch **«ci»** (vgl. **G** → 2.7).

7.2 Unterschiedliche Objekte im Italienischen und Deutschen

Im Gegensatz zum Deutschen folgt nach bestimmten Verben das direkte bzw. das indirekte Objekt:

aiutare qualcuno	*jemandem helfen*
ascoltare qualcuno	*jemandem zuhören*
aspettare qualcuno	*auf jemanden warten*
ringraziare qualcuno	*jemandem danken*
servire qualcuno	*jemandem dienen*
sognare qualcosa, qualcuno	*von etwas, jemandem träumen*
chiedere/domandare qualcosa a qualcuno	*jemanden etwas fragen*
telefonare a qualcuno	*jemanden anrufen*

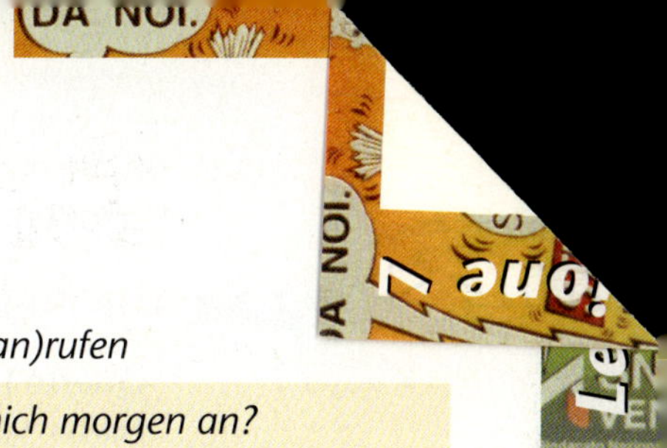

7.3 Das Objektpronomen

7.3.1 Die Formen

Direktes Objekt chiamare qualcuno – *jemanden (an)rufen*

Piero,	**mi**	chiami domani?	*Piero, rufst du mich morgen an?*
Sì,	**ti**	chiamo.	*Ja, ich rufe dich an.*
E Paolo? – No, non	**lo**	chiamo.	*Und Paolo? – Nein, ich rufe ihn nicht an!*
E Maria? – Sì,	**la**	chiamo.	*Und Maria? – Ja, ich rufe sie an.*
Signor Rossi,	**La**	chiamo dopo.	*Herr Rossi, ich rufe Sie später an.*
Signora Bozzi,	**La**	chiamo dopo.	*Frau Bozzi, ich rufe Sie später an.*
Non	**ci**	chiami?	*Rufst du uns nicht an?*
Certo,	**vi/Vi**	chiamo	*Klar, ich rufe euch/Sie an.*
E i ragazzi? – Ma sì,	**li**	chiamo.	*Und die Jungen/Jugendlichen/Kinder? – Aber ja, ich rufe sie an.*
E le ragazze? – Ma sì,	**le**	chiamo anche.	*Und die Mädchen? – Aber ja, ich rufe sie auch an.*

▶ **Anmerkung:** Wendet man sich sehr förmlich an mehrere Personen, benutzt man **Li** (maskulin) und **Le** (feminin).

Indirektes Objekt scrivere a qualcuno – *jemandem schreiben*

Piero,	**mi**	scrivi una cartolina?	*Piero, schreibst du mir eine Postkarte?*
Certo,	**ti**	scrivo una bella cartolina.	*Natürlich, ich schreibe dir eine schöne Postkarte.*
E a Luigi? Forse	**gli**	scrivo da Palermo.	*Und Luigi? Vielleicht schreibe ich ihm aus Palermo.*
E a Chiara? Ma sì,	**le**	scrivo subito.	*Und Chiara? Aber ja, ich schreibe ihr sofort.*
Signor Rossi,	**Le**	scrivo da Messina.	*Herr Rossi, ich schreibe Ihnen aus Messina.*
Signora Bozzi,	**Le**	scrivo da Catania	*Frau Bozzi, ich schreibe Ihnen aus Catania.*
E a noi? Non	**ci**	scrivi?	*Und uns? Schreibst du uns nicht?*
Ma sì,	**vi**	scrivo due volte.	*Aber ja! Ich schreibe euch/Ihnen zweimal.*
E ai ragazzi? – Forse	**gli**	scrivo da Siracusa.	*Und den Jungen/Jugendlichen/Kindern? Ich schreibe ihnen aus Siracusa.*
E alle ragazze? Certo,	**gli**	scrivo volentieri.	*Und den Mädchen? Klar, ich schreibe ihnen gern.*

▶ **Beachte!** Anstelle von **gli** (3. Person Plural) wird auch **loro** verwendet, das immer nachgestellt wird.

Ho visto Piero e Anna e gli ho chiesto …/ho chiesto loro …
Ich habe Piero und Anna gesehen und sie gefragt …

Häufiger gebräuchlich ist **gli**. Wendet man sich sehr förmlich an mehrere Personen, benutzt man **loro**.

7.3.2 Die Stellung der Pronomen

Questo foglietto non **la** aiuta proprio. *Dieser Spickzettel hilft ihr nicht wirklich.* Luca va da Anna e le dà il foglietto. *Luca geht zu Anna und gibt ihr den Spickzettel.* Professoressa, **L**a prego! *Frau … ich bitte Sie!* **Mi** ha spiegato quello che significa. *Er/Sie hat mir erklärt, was es bedeutet.*	Die Objektpronomen stehen vor dem konjugierten Verb.
Luca, puoi dar**mi** il libro?/ **Mi** puoi dare il libro? *Luca, kannst du mir das Buch geben?* I vocaboli, **li** devi copiare tutti./ … devi copiar**li** *Die Vokabeln musst du alle abschreiben.*	Bei einem Infinitiv im Satz in Verbindung mit einem anderen Verb (Modalverben, venire, andare) kann das Pronomen an den Infinitiv angehängt (das Endungs -e entfällt) oder vor das konjugierte Verb gestellt werden.
Prima di telefonar**gli** devi fare i compiti. *Bevor du ihn anrufst, musst du die Hausaufgaben machen.*	Nach einem präpositionalen Ausdruck wird es an den Infinitiv gehängt.
Sai dove sono i libri? – Ma sì, guarda. Ecco**li**. *Weißt du, wo die Bücher sind? – Aber klar, guck mal. Da sind sie.*	Ecco + direktes Objektpronomen (eccomi = hier bin ich …)

7.4 Die Veränderlichkeit des Partizip Perfekt nach «avere»

Giulia **ha dovuto** cambiare posto. *Giulia hat den Platz wechseln müssen.* Il suo foglietto non **l'ha aiutata** allora. *Also hat ihr ihr Spickzettel nicht geholfen.* **Li hai copiati** tutti, i vocaboli? *Hast du die Vokabeln alle abgeschrieben?* Oddio, le nuove parole, **le ho dimenticate** tutte. *Oh Gott, die neuen Wörter, die habe ich alle vergessen.*	Bei den mit «avere» zusammengesetzten Zeiten (also auch im passato prossimo) richtet sich die Endung des Partizips • nach dem vorausgehenden direkten Objektpronomen «lo, la, li, le».
Hai comprato dei pomodori? – *Hast du Tomaten gekauft?* No, **non ne ho comprati**. *Nein, ich habe (davon) keine gekauft.* Avete fatto delle fotografie? – *Habt ihr Fotos gemacht?* **Ne abbiamo fatte** tante. *Wir haben viele (davon) gemacht!*	• nach «ne»

7.5 Stare + Gerundium (il gerundio composto I)

Das Gerundium gehört wie der Infinitiv und die Partizipien zu den nicht konjugierten (= infiniten) Formen der Verben.

Die Bildung des Gerundiums (la formazione del gerundio)

Verben auf **-are**			Verben auf **-ere** und **-ire**		
andare copiare arrivare	+ **-ando** =	andando copiando arrivando	prendere partire	+ **-endo** =	prendendo partendo

▶ **Ausnahmen**

bere	bevendo	tradurre	traducendo
dire	dicendo	fare	facendo

Der Gebrauch mit «stare»

Che cosa stai facendo? *Was machst du gerade?* I ragazzi stanno aspettando la prof. *Die Schüler warten gerade (im Augenblick) auf die Lehrerin.*	«stare» + Gerundium drückt aus, dass *gerade* etwas passiert
Le sto scrivendo. *Ich schreibe ihr gerade.*	Objektpronomen stehen vor «stare».

▶ **Beachte dagegen: stare + per + Infinitiv = *gleich***

Il treno **sta per** partire.	*Der Zug fährt gleich ab.*
Il treno sta partendo.	*Der Zug fährt gerade ab.*

7.6 Die Verneinung II (la negazione II)

Neben der einfachen Verneinung mit **non** und **no** gibt es zwei- bzw. dreiteilige Verneinungsformen:

Zweiteilige Verneinung

Io **non** farei **mai** così! *Ich würde es nie so machen!*	*nie*
Tutto il giorno a casa **non** mi piacerebbe **affatto**! *Den ganzen Tag zu Hause bleiben, das würde mir ganz und gar nicht gefallen.*	*ganz und gar nicht*
I giovani **non** sono **più** contenti della loro scuola. *Die Jugendlichen sind mit ihrer Schule nicht mehr zufrieden.*	*nicht mehr*
A scuola **non** impari **niente**. *In der Schule lernst du nichts.*	*nichts*
A me **non** piace **né** la matematica **né** la religione. *Mir gefällt weder Mathe noch Religion.*	*weder … noch*
Non mi piace **nemmeno** lo sport. *Mir gefällt nicht einmal Sport.*	*nicht einmal*

Lo sport **non** piace **neanche/neppure** a me. *Sport gefällt auch mir nicht.*	*auch nicht*
Non ho **ancora** capito il significato di "perché". *Ich habe immer noch nicht verstanden, was „perché" bedeutet.*	*noch nicht*
Le lingue **non** mi piacciono **mica**. (fam.) *Sprachen gefallen mir kein bisschen.*	*gar nicht,* *kein bisschen*
Non mi piace **nessuna** materia. *Mir gefällt überhaupt kein Fach.*	*überhaupt kein*

► **Beachte!**
nie etwas

A scuola **non** si studia **mai niente di** interessante. *In der Schule lernt/erarbeitet man nie etwas Interessantes.*

niemand

Non conosco nessuno a Roma. *Ich kennen niemanden in Rom.* Nessuno viene a scuola per divertirsi. *Niemand kommt zu seinem Vergnügen in die Schule.*	als Objekt: non … nessuno als Subjekt: nessuno

► **Beachte!** Auch **niente, mai, neanche/nemmeno/neppure** können am Satzanfang stehen. Dann entfällt «non».

kein, kein/keine einzige(r), überhaupt kein

Non c'è nessun computer in questa scuola. *In dieser Schule gibt es keinen Computer.*	nessun
A nessuno studente piacciono tutte le materie. *Keinem Schüler/Studenten gefallen alle Fächer.*	nessuno
In nessuna scuola … *In keiner Schule …*	nessuna

► **Beachte!** **da nessuna parte** = ***nirgends/nirgendwo***

Stellung der zweiteiligen Verneinung bei den zusammengesetzten Zeiten (passato prossimo)

Non abbiamo incontrato nessuno. *Wir haben niemanden getroffen.* A Venezia non hanno comprato niente. *In Venedig haben sie nichts gekauft.*	Nur «niente» und «nessuno» stehen nach dem Partizip.
Non siamo più andati alla festa. *Wir sind nicht mehr zum Fest gegangen.* I ragazzi non sono mai stati a Verona. *Die Kinder/Jugendlichen sind noch nie in Verona gewesen.* Franco non ha nemmeno telefonato. *Franco hat noch nicht einmal angerufen.*	Die anderen Ausdrücke stehen vor dem Partizip.

In gita scolastica

8.1 Die betonten Objektpronomen (i pronomi complemento diretto tonici)

Ci sono due professori con loro.	*Zwei Lehrer sind bei ihnen.*
Cerco te, e non Franco.	*Ich suche dich, und nicht Franco.*
Per chi è questo regalo? È per lei.	*Für wen ist dieses Geschenk? (Es ist) für sie.*

Neben den unbetonten Objektpronomen, die nur in Verbindung mit dem Verb verwendet werden, gibt es auch Objektpronomen, die unabhängig vom Verb stehen können. Man spricht dann von betonten Objektpronomen.

Formen

me	te	lui/lei	sé	noi	voi	loro

Gebrauch und Stellung

Dai, Paolo, vieni con me! *Los, Paolo, komm mit (mir)!* Vi annoiate? – Ma non con noi! *Langweilt ihr euch? – Aber mit uns doch nicht!* Quando ero piccola trascorrevo sempre le vacanze da lei. *Als ich klein war, habe ich die Ferien immer bei ihr verbracht.* A noi non piace questa discoteca. *Uns gefällt diese Disko nicht.* Paolo pensa solo a sé. *Paolo denkt nur an sich.*	Das betonte Objektpronomen dient der Hervorhebung der jeweiligen Person. Es steht durchweg nach Präpositionen.
Ho meno soldi di te. *Ich habe weniger Geld als du.* Sono (così) grande come lui. *Ich bin so groß wie er.*	im Vergleich nach «di» und «come» (vgl. **G** → 6.5.2/6.5.3)

► **Beachte!**
Nach «contro, dopo, sopra, sotto» wird die Präposition «**di**» eingeschoben.

Sono partiti dopo **di** noi.	*Sie sind nach uns weggegangen (weggefahren).*
Abitiamo sotto **di** lei.	*Wir wohnen (in der Wohnung) unter ihr.*

8.2 Das Imperfekt (l'imperfetto)

8.2.1 Formen

giocare	prendere	uscire
gioc-avo gioc-avi gioc-ava gioc-avamo gioc-avate gioc-avano	prend-evo prend-evi prend-eva prend-evamo prend-evate prend-evano	usc-ivo usc-ivi usc-iva usc-ivamo usc-ivate usc-ivano

Betonung: 3. Pers. Plural auf der drittletzten Silbe, sonst immer vorletzte Silbe.

Sonderformen

essere	ero, eri, era, eravamo, eravate, erano
fare	facevo, facevi, faceva, facevamo, facevate, facevano
dire	dicevo, dicevi, diceva, dicevamo, dicevate, dicevano
bere	bevevo, bevevi, beveva, bevevamo, bevevate, bevevano

8.2.2 Imperfetto und passato prossimo ✓

Beide Zeiten beziehen sich auf die Vergangenheit, wobei sie jeweils unterschiedliche Aspekte wiedergeben.

Imperfetto	Passato Prossimo	
Quando ero piccola, con la famiglia trascorrevo sempre le vacanze da mia nonna, a Nettuno. Aveva una piccola casa a pochi metri dal mare. Stavamo tutto il giorno in spiaggia oppure giocavamo con gli altri bambini. La sera uscivamo a prendere il gelato. Ci divertivamo tanto.		• Situation, Zustand • nicht begrenzte Wiederholungen („la sera" bezeichnet hier keine zeitliche Begrenzung)
	Quando mia nonna si è trasferita da noi in Germania, i miei genitori hanno venduto la casa. Da quel momento non sono più tornata.	• einsetzende Handlung • Handlungskette

Siamo online perché volevamo sapere cosa si puó fare di sera.		• Erklärung, Kommentar, Begründung
	Dopo Amburgo abbiamo visitato Berlino. Siamo andati due volte al Potsdamer Platz, che è bellissimo. Insomma abbiamo passato una settimana bellissima.	• neue Handlung mit Anfang • begrenzte Wiederholung • zeitlich begrenzte, abgeschlossene Handlung
Mentre lei prendeva il sole, io andavo a scuola di surf.		• parallellaufende Handlungen

Zusammenfassung

Imperfetto	**Passato prossimo**
Beschreibt • Zustände, Situationen, Hintergründe • sich wiederholende Handlungen ohne zeitliche Begrenzung • Erklärungen, Kommentare	Berichtet von • Handlungen und Ereignissen mit Anfang und Ende • sich begrenzt wiederholenden Handlungen • aufeinanderfolgenden Handlungen

► **Beachte auch den Bedeutungswandel bei den folgenden Verben:**

Avevo sete. *Ich hatte Durst.*	Ho avuto sete. *Ich bekam Durst.*
Conoscevo Paolo. *Ich kannte Paolo.*	Ho conosciuto Paolo. *Ich habe Paolo kennengelernt.*
Sapevo che non stava bene. *Ich wusste, dass es ihm nicht gut ging.*	Ho saputo che non stava bene. *Ich erfuhr, dass es ihm nicht gut ging.*
Dal balcone si vedeva il mare. *Vom Balkon aus sah man das Meer.*	Ho visto il mare. *Ich habe das Meer erblickt.*

8.2.3 Imperfetto/passato prossimo nach «mentre» und «quando»

Mentre dormivo Paolo lavorava. *Während ich schlief, arbeitete Paolo.*	**mentre** + imperfetto zwei parallel verlaufende Handlungen
Mentre dormivo i ragazzi sono arrivati. *Während ich schlief sind die Kinder/jungen Leute angekommen.*	Zustand + Ereignis
Quando ero piccolo … *Als ich klein war …*	**quando** = „als" + Zustand → imperfetto
Quando stavo da mia nonna … *Als ich bei meiner Oma war …*	= „immer wenn" → imperfetto
Quando siamo arrivati … *Als wir angekommen sind …*	= „als" + Ereignis → passato prossimo

8.2.4 Imperfetto/passato prossimo in Relativsätzen

Mia nonna aveva una casa che si trovava a 500 metri dal mare. *Meine Oma hatte ein Haus, das 500 Meter vom Meer entfernt war.* Siamo arrivati in piazza Navona che come sempre era molto affollata. *Wir sind zur Piazza Navona gekommen, die – wie immer – überfüllt war.*	Relativsätze mit Erklärungen und Kommentaren stehen im Imperfekt.
La Vespa che ho comprato sei anni fa funziona ancora bene. *Die Vespa, die ich vor sechs Jahren gekauft habe, funktioniert noch gut.*	In einem Relativsatz, der eine Handlung ausdrückt, steht das **passato prossimo**.

8.3 Das Trapassato prossimo

Formen

Avevo	invitato		Ero	tornato, -a	
Avevi	invitato		Eri	tornato, -a	
Aveva	invitato	Andrea a passare	Era	tornato, -a	
Avevamo	invitato	le vacanze con noi.	Eravamo	tornati, -e	in Italia.
Avevate	invitato		Eravate	tornati, -e	
Avevano	invitato		Erano	tornati, -e	

Das **trapassato prossimo** wird gebildet aus den Imperfektformen der Hilfsverben «avere» und «essere» und dem Partizip des Hauptverbs.
Für die Wahl des Hilfsverbs und eine eventuelle Veränderung der Partizipien gelten die Regeln des **passato prossimo**.

Gebrauch

Non ti avevo detto niente prima delle vacanze perché volevo essere più sicuro. *Vor den Ferien hatte ich dir nichts gesagt, weil ich sicher sein wollte.* È tornata in Italia perché l'avevo invitata. *Sie ist nach Italien zurückgekommen, weil ich sie eingeladen hatte.*	Bezeichnet wird ein Vorgang der Vergangenheit, der sich **vor** einem anderen Vorgang ereignet hat.

8.4 „Lassen“: lasciare/fare

Faccio riparare la macchina. *Ich lasse das Auto reparieren.* L'insegnante di fisica ci ha fatto studiare molto. *Die Physiklehrerin hat uns viel arbeiten lassen.* Faccio venire il medico. *Ich lasse den Arzt kommen.*	**fare** – ***veranlassen***
La polizia non lascia entrare più nessuno allo stadio. *Die Polizei lässt niemanden mehr das Stadion betreten.* Perché non ci lasci uscire? *Warum lässt du uns nicht ausgehen/weggehen?*	**lasciare** – ***zulassen, erlauben***

► **Beachte!** „sich lassen“ + Infinitiv wird immer mit «farsi» übersetzt.

Mi faccio visitare dal miglior dottore.
Ich lasse mich vom besten Arzt untersuchen.

Luigi si fa consigliare sempre dalla mamma.
Luigi lässt sich immer von seiner Mutter beraten.

Vacanze, sport e tempo libero

9.1 Das Futur (il futuro)

Formen

mandare	ricevere	salire
mand-erò	ricev-erò	sal-irò
mand-erai	ricev-erai	sal-irai
mand-erà	ricev-erà	sal-irà
mand-eremo	ricev-eremo	sal-iremo
mand-erete	ricev-erete	sal-irete
mand-eranno	ricev-eranno	sal-iranno

► **Beachte!**
Verben auf **-are** und **-ere:** -erò, -erai, -erà, -eremo, -erete, -eranno
Verben auf **-ire:** -irò, -irai, -irà, -iremo, -irete, -iranno

Besonderheiten der Orthografie bei den Verben auf -are:

cercare → cercherò pagare → pagherò mangiare → mangerò

Vergleiche:

partiremo – *wir werden abreisen* ↔ partiremmo – *wir würden abreisen*

Unregelmäßige Futurformen
Sie entsprechen denjenigen des Konditionals und haben denselben Stamm: (vgl. **G** → 6.1)
So auch **essere** und **avere**:

sarò	avrò
sarai	avrai
sarà	avrà
saremo	avremo
sarete	avrete
saranno	avranno

Gebrauch

Naviga in Internet e rimarrai sorpreso. *Surfe im Internet und du wirst überrascht sein.* Una guida ti accompagnerà. *Ein Stadtführer wird dich begleiten.* L'anno prossimo non resterò a casa. *Im nächsten Jahr werde ich nicht zuhause bleiben/bleibe ich nicht zuhause.*	Das Futur bezeichnet • zukünftige Handlungen und Zustände

Cosa farai dopo la maturità? *Was wirst du nach dem Abitur machen?/* *Was machst du nach dem Abitur?*	
Che ore saranno? – Saranno le cinque. *Wie spät ist es? – Es wird so gegen fünf Uhr sein.* Dov'è Paolo? Non so. Sarà malato. *Wo ist Paolo? Ich weiß nicht. Er wird (wohl) krank sein.* Quella ragazza avrà quindici anni. *Das Mädchen wird (so etwa) fünfzehn Jahre alt sein.*	• Vermutungen

▶ **Beachte!** Für die unmittelbare Zukunft benutzt man «**stare per**»:

Il gruppo sta per partire.
Die Gruppe fährt gleich ab.

9.2 Das Futur II (il futuro anteriore)

Formen

Das Futur II wird gebildet aus der Futurform der Hilfsverben «avere» und «essere» und dem Partizip Perfekt des Hauptverbs. Für die Wahl des Hilfsverbs und eine eventuelle Veränderung der Partizipien gelten die entsprechenden Regeln des **passato prossimo** (vgl. **G** → 4.6.2 und **G** → 7.4).

Beispiele

avrò mandato	*ich werde geschickt haben*
avrà ricevuto	*er/sie wird erhalten haben*
saremo partiti/partite	*wir werden abgereist sein*
saranno tornati/tornate	*sie (die Jungen/die Mädchen) werden zurückgekommen sein*

Gebrauch

Ti telefonerò quando avrò ricevuto il catalogo. *Ich werde dich anrufen, wenn/sobald ich den Katalog erhalten habe.* Quando saremo arrivati ti telefoneremo. *Wenn/sobald wir angekommen sind, werden wir dich anrufen.*	Das Futur II bezeichnet einen Vorgang, der vor einem zukünftigen Ereignis liegt. Häufig nach «quando» in der Bedeutung „sobald".

9.3 Die Stellung der Objektpronomen und der Pronominaladverbien «ci» und «ne» beim Imperativ

9.3.1 Beim Imperativ der 2. Person Singular und Plural und der 1. Person Plural

Mettici il tuo spirito di avventura! *Gib all deine Abenteuerlust!* Pensaci bene! *Überleg es dir gut!* Fidiamoci di loro! *Vertrauen wir ihnen!* Lasciamogli questo piacere! *Lassen wir ihm/ihnen diese Freude!* Contattateci! *Meldet euch bei uns!* Prendetene! *Nehmt (davon)!*	Beim bejahten Imperativ wird das Pronomen an die Verbform gehängt.
Non preoccuparti!/Non ti preoccupare! *Mach dir keine Sorgen!* Non parliamone!/Non ne parliamo! *Sprechen wir nicht darüber!* Non prendetene!/Non ne prendete! *Nehmt nicht davon!*	Beim verneinten Imperativ steht das Pronomen vor der Verbform oder wird angehängt.

► **Beachte!** Werden die Objektpronomen und «ci» an die einsilbigen Imperativformen «da', di', fa' sta', va'» (vgl. → 5.7.1) gehängt, so kommt es zu einer Konsonantenverdoppelung, außer bei «gli» (und «ne»).

Dammi il telefono, per favore!
Dillo pure ai tuoi amici!
Falle vedere il dépliant!
Vacci subito!
Stammi bene!

9.3.2 Beim Imperativ der Höflichkeit

Ci scriva una e-mail, signor Pucci! *Schreiben Sie uns eine E-Mail, Herr Pucci!* Signora Verdi, mi dica se Le piace il programma! *Signora Verdi, sagen Sie mir, ob Ihnen das Programm gefällt!* Non si preoccupi, signora! *Machen Sie sich keine Sorgen, meine Dame!*	Im bejahten und verneinten Imperativ stehen die unbetonten Objektpronomen sowie «ci» und «ne» in der 3. Person Singular und Plural vor dem Imperativ.

▶ **Beachte!**
Erfolgt die Anrede im Plural in der 2. Person, wird das Pronomen angehängt.

Signori, ditegli per favore quando arriverete!
Meine Herren, sagen Sie ihm/ihnen bitten, wann Sie ankommen (werden)!

Non scriveteci troppo tardi, signori!
Schreiben Sie uns nicht zu spät, meine Herren!

Non pensateci più, signori!
Denken Sie nicht mehr daran, meine Herren!

9.4 Das Relativpronomen «cui» (il pronome relativo cui)

Sarà il sito della chat di cui ci ha parlato Paolo. *Es wird die Homepage von dem Chat sein, von dem uns Paolo erzählt hat.*	«Cui» ist immer unveränderlich.
Potrai ammirare molti animali, tra cui l'orso. *Du wirst (dort) viele Tiere, u. a. Bären bewundern können.* Nel momento in cui è arrivato mio padre, ho pensato: "Oddio!" *In dem Moment, als mein Vater gekommen ist, habe ich gedacht: „Oh Gott!"*	«Cui» steht nach Präpositionen, wobei «a» entfallen kann.
Conosci Ferdinando, la cui madre è professoressa nella tua scuola? *Kennst du Ferdinando, dessen Mutter Lehrerin in deiner Schule ist?* Ecco la ragazza il cui padre fa il medico. *Das ist das Mädchen, dessen Vater Arzt ist.*	dt.: „dessen, deren" – ital.: «il cui, la cui, i cui, le cui»

Zu dem Relativpronomen «il quale», «la quale» etc. vgl. **EG** ▸ 8

9.5 Infinitivkonstruktionen (la proposizione infinita)

Ma quanto **è bello andare** in giro con le ali sotto ai piedi!
Aber wie schön ist es, mit Flügeln unter den Füßen (mit der Vespa) herumzufahren.

I figli poi **sognano di diventare** grandi campioni.
Die Kinder träumen davon, große Meister zu werden.

Gli italiani **provano a fare** più sport che in passato.
Die Italiener versuchen, mehr Sport zu treiben.

Nach bestimmten Verben/Ausdrücken steht der Infinitiv unmittelbar (ohne Präposition) oder nach den Präpositionen «di» (in den meisten Fällen) und «a». In wenigen Fällen steht eine andere Präposition. (vgl. **G** → 5.4).

9.5.1 Der unmittelbare Infinitivanschluss

Für diese Infinitivgruppe lassen sich folgende Regeln als Lernhilfen geben:

1. Dobbiamo partire. *Wir müssen losgehen/losfahren.* Volevamo passare l'estate in Abruzzo. *Wir wollten den Sommer in den Abruzzen verbringen.* Potresti chiamarci domani? *Könntest du uns morgen anrufen?* Non sapevano rispondere. *Sie wussten nicht, was sie antworten sollten.*	wie im Deutschen nach den Modalverben
2. Sono tutti sportivi? – È difficile dirlo. *Sind alle sportlich? – Das ist schwer zu sagen.* È necessario muoversi. *Es ist wichtig, sich zu bewegen.* Sarà normale frequentare centri di benessere. *Es wird normal sein, in Fitness-Studios zu gehen.* È importante far parte di qualche centro sportivo. *Es ist wichtig, Mitglied in einem Sportzentrum zu sein.* Sarebbe meglio non fare il bungee-jumping. *Es wäre besser, kein Bungee-Jumping zu machen.*	nach unpersönlichen Ausdrücken aus **essere** + Adjektiv/Adverb (im Gegensatz zum Französischen!)
3. Bisogna prenotare prima. *Man muss vorbestellen.* Non basta avere il casco. *Es reicht nicht, einen Helm zu haben/tragen.*	nach weiteren unpersönlichen Ausdrücken
4. Ci piacerebbe fare un corso di vela. *Wir würden gerne einen Segelkurs besuchen.* Da piccola Federica amava camminare lungo la spiaggia. *Als sie klein war, liebte Federica es, am Strand entlang zu spazieren.* Mio fratello odiava studiare. *Mein Bruder hasste das Lernen.* Che cosa preferisci fare? *Was möchtest du lieber machen?*	nach Verben, die eine Vorliebe oder eine Ablehnung ausdrücken
5. Li aveva sentiti entrare. *Er hatte sie hereinkommen hören./* *Er hatte gehört, wie sie hereinkamen.* La vede salire sul vulcano. *Er sieht sie auf den Vulkan steigen.*	nach Verben der Wahrnehmung
6. Non vi lascio entrare. *Ich lasse euch nicht herein.* Farà riparare la macchina. *Er wird das Auto reparieren lassen.*	nach «**lasciare**» und «**fare**» (vgl. **G** → 8.4)

► **Beachte zu 2!** Handelt es sich nicht um einen unpersönlichen Ausdruck, steht «da» + Infinitiv (vgl. **G** → 5.4).

La domanda non è facile da capire.
Diese Frage ist nicht leicht zu verstehen.

9.5.2 Der Anschluss mit «di»

1.		2.			
cercare di	*versuchen*	chiedere a qn di	*fragen*	avere bisogno di	*brauchen*
credere di	*glauben*	consigliare a qn di	*raten*	avere paura di	*Angst haben*
decidere di	*entscheiden*	dire a qn di	*sagen*	avere tempo di	*Zeit haben*
dimenticare di	*vergessen*	permettere a qn di	*erlauben*	avere voglia di	*Lust haben*
dire di	*sagen*	promettere a qn di	*versprechen*		
finire di	*aufhören*	ricordarsi di	*sich erinnern*	essere sicuro, -a di	*sicher sein*
ricordare di	*erinnern*			essere contento, -a di	*froh sein*
sognare di	*träumen*			essere triste di	*traurig sein*
sperare di	*hoffen*				

9.5.3 Der Anschluss mit «a»

aiutare a	*helfen zu …*
cominciare a	*anfangen*
continuare a	*weitermachen*
divertirsi a	*Freude daran haben*
imparare a	*lernen*
insegnare a	*unterrichten*
invitare a	*einladen zu*
mettersi a	*anfangen*
provare a	*versuchen*
riuscire a	*gelingen*
fare attenzione a	*achtgeben*
fare in tempo a	*rechtzeitig tun*
ci vuole molto/poco a	*es gehört viel/wenig dazu*
essere bravo, -a a	*gut sein in etw.*
essere deciso, -a a	*zu etw. entschlossen sein*
essere preparato, -a a	*auf etw. vorbereitet sein*

► **Beachte! decidere di fare qc – decidersi a fare qc**

Pensa di comprare un libro.
Sie hat vor, ein Buch zu kaufen.

Pensa a comprare il libro.
Sie denkt daran (= sie vergisst es nicht), das Buch zu kaufen.

9.5.4 Infinitivanschluss per, senza

1. per
Siamo partiti presto per non arrivare troppo tardi. *Wir sind früh weggefahren/weggegangen, um nicht zu spät zu kommen.*
2. senza
È uscito senza dirci perché. *Er ist hinausgegangen/weggegangen, ohne uns zu sagen warum.*

Io, tu ... e gli altri

10.1 Die doppelten Pronomen (i pronomi doppi)

Die Kombination der unbetonten Objektpronomen und der Pronominaladverbien «ne» und «ci»:

		lo	la	li	le	ne
mi	*mir*	me lo	me la	me li	me le	me ne
ti	*dir*	te lo	te la	te li	te le	te ne
gli	*ihm*					
le	*ihr*	glielo	gliela	glieli	gliele	gliene
Le	*Ihnen*					
si	*sich*	se lo	se la	se li	se le	se ne
ci	*uns*	ce lo	ce la	ce li	ce le	ce ne
vi	*euch*	ve lo	ve la	ve li	ve le	ve ne
gli	*ihnen*	glielo	gliela	glieli	gliele	gliene

► **Beachte!**

1. Das auslautende **-i** wird zu **-e** (mi → me).
2. • die getrennte Schreibung der Pronomen (**Ausnahme:** nach einem Imperativ)
   • dagegen immer Zusammenschreibung: gli + e + zweites Pronomen
3. Das Zusammentreffen des Adverbialpronomens «**ci**» mit dem Objektpronomen «ci» wird aus lautlichen Gründen vermieden. Deshalb: «Ci vediamo lì.»
4. Reihenfolge bei «si» *„man"*
   «Dov'è Luca? Non lo si vede più.» (direkt + si = „man") vgl. auch **EG** → 9

Stellung

Mi compri questo fumetto? – *Kaufst du mir den Comic?* Te lo compro. – *Ich kaufe ihn dir.* Te lo voglio comprare. – *Ich will ihn dir kaufen.*	Vor dem konjugierten Verb
Voglio comprartelo. – *Ich will ihn dir kaufen.* Mi ha chiesto di comprarvelo. – *Er/Sie hat mich gebeten, ihn euch zu kaufen.* Compri un pacchetto di pasta? Compramene uno anche per me, per favore. *Kaufst du eine Packung Nudeln? Kauf mir bitte auch eine.* Quando vieni nella mia città fammelo sapere. *Wenn du in meine Stadt kommst, lass es mich wissen/sag mir Bescheid.*	Werden die Pronomen angehängt (Infinitiv, Imperativ), dann werden alle Pronomenverbindungen zusammengeschrieben.

► **Beachte die Veränderlichkeit des Partizips bei «avere»:**

Ti piacciono i miei orecchini? Me **li** ha regalat**i** Fabrizio.
Gefallen dir meine Ohrringe? Fabrizio hat sie mir geschenkt.

10.2 Das Adverb (l'avverbio)

Das Adverb dient dazu, ganze Sätze, Verben, Adjektive oder andere Adverbien näher zu bestimmen.

10.2.1 Bildung der abgeleiteten Adverbien

lento, -a	lent**a**mente	*langsam*
raro, -a	rar**a**mente	*selten*
veloce	velo**ce**mente	*schnell*
genti**le**	genti**lm**ente	*freundlich*
fina**le**	fina**lm**ente	*endlich*
regola**re**	regola**rm**ente	*regelmäßig*
particola**re**	particola**rm**ente	*besonders*

Bei Adjektiven auf **-o** wird **-mente** an die weibliche Form angehängt.
Ausnahme: leggero, leggera → leggermente
Bei Adjektiven auf **-le** oder **-re** entfällt das **e** vor **-mente**

Unregelmäßige Adverbbildung

buono, -a	bene	*gut*
cattivo, -a	male	*schlecht*

10.2.2 Stellung der Adverbien

Ti conosce perfettamente. *Er/Sie kennt dich sehr gut.* Sei veramente curiosa. *Du bist wirklich neugierig.* Sono entrati lentamente. *Sie sind langsam hereingekommen.*	im Allgemeinen nach dem Verb oder in einer zusammengesetzten Zeit nach dem Partizip
Ti dovrebbe aiutare velocemente. *Er/Sie müsste dir schnell helfen.*	nach einem Infinitiv im Satz
Finalmente posso parlare con qualcuno. *Endlich kann ich mit jemandem sprechen.*	am Satzanfang, wenn sich der Inhalt auf die Satzaussage bezieht

10.2.3 Die Steigerung des Adverbs (la comparazione dell'avverbio)

Adverb/Positiv	Steigerung	Absoluter Superlativ
lentamente	più/meno lentamente	lentissimamente – *extrem langsam*
tranquillamente	più/meno tranquillamente	tranquillissimamente – *sehr leise*
apertamente	più/meno apertamente	apertissimamente – *sehr offen*

Unregelmäßige Formen

bene	meglio	benissimo/ottimamente – *sehr gut*
male	peggio	malissimo – *sehr schlecht*
molto	più	moltissimo – *sehr viel*
poco	meno	pochissimo – *sehr wenig*

10.2.4 „Am besten, am schnellsten, am aufmerksamsten …"

Franco gioca meglio di tutti. *Franco spielt besser als alle (= am besten).* Luisa corre più velocemente delle compagne di classe. *Luisa rennt schneller als ihre Klassenkameradinnen (= am schnellsten).* Le ragazze ascoltano più attentamente degli altri. *Die Mädchen hören aufmerksamer zu als die anderen (= am aufmerksamsten).*	Um den relativen Superlativ vom Komparativ zu unterscheiden, wird eine Vergleichsgröße angegeben. Also: Komparativ + Umschreibung

10.3 Die indefiniten Begleiter und Pronomen (gli aggettivi e i pronomi indefiniti) im Überblick

(zu den Begleitern vgl. **G** → 5.2)

	Begleiter/adjektivischer Gebrauch	Pronomen + Verb
einige	alcuni, alcune + Subst. im Pl.	Alcuni/Alcune me l' hanno detto.
anderer, andere, anderes	altro, altra, altri, altre	Gli altri/Le altre pensano, credono …
gewisser, gewisse, gewisses	certo, certa, certi , certe	Certi/Certe pensano, credono …
jeder, wer auch immer		Chiunque pensa, crede …
jeder		Ciascuno pensa …, crede … Le paste costano un euro ciascuna.
viele	molto, molta, molti, molte	Molti/Molte pensano, credono …
niemand		Nessuno pensa …
nichts		Niente … è successo.
jeder, jede, jedes	ogni + Subst. im Sg.	
jeder, jede		Ognuno/Ognuna pensa …
etwas		Qualcosa è successo.
jemand		Qualcuno/Qualcuna ha telefonato.
jeden, jede, jedes beliebige(n)	qualsiasi + Substantiv im Sg.	
so viel, sehr viele	tanto, tanta, tanti, tante	È successo tanto./Tanti/Tante dicono, pensano ...
ganz; alle	tutto, tutta, tutti, tutte	Pensa a tutto./Tutti/Tutte sono venuti, -e.

Su, ragazzi!

11.1 Der Konjunktiv (il congiuntivo)

Wie das Deutsche unterscheidet auch das Italienische zwischen den Modi Indikativ und Konjunktiv. Der Gebrauch des Konjunktivs ist in den beiden Sprachen jedoch sehr unterschiedlich.

Der Konjunktiv Präsens (il congiuntivo presente)

Die Bildung (la formazione)

	trov-are	mett-ere	sent-ire	fin-ire
che io	trov-i	mett-a	sent-a	fin-isc-a
che tu	trov-i	mett-a	sent-a	fin-isc-a
che lui/lei/Lei	trov-i	mett-a	sent-a	fin-isc-a
che noi	trov-iamo	mett-iamo	sent-iamo	fin-iamo
che voi	trov-iate	mett-iate	sent-iate	fin-iate
che loro	trov-ino	mett-ano	sent-ano	fin-isc-ano

Die Konjunktivformen des Singulars und der 3. Person Plural werden nach der 1. Person Singular Indikativ gebildet (finisco → finisca, finiscano), die 1. und 2. Person Plural hingegen nach der 1. Person Plural Indikativ (finiamo → finiamo, finiate). Die Singularformen und die 3. Person Plural entsprechen dem Imperativ der Höflichkeitsformen (vgl. **G** → 5.7.3).

► **Beachte** daher folgende **regelmäßige Formen:**

andare	che io vada, che noi andiamo
bere	che io beva, che noi beviamo
dire	che io dica, che noi diciamo
dovere	che io debba, che noi dobbiamo
fare	che io faccia, che noi facciamo
piacere	che io piaccia, che noi piacciamo
potere	che io possa, che noi possiamo
rimanere	che io rimanga, che noi rimaniamo
salire	che io salga, che noi saliamo
scegliere	che io scelga, che noi scegliamo
sedersi	che io mi sieda, che noi ci sediamo
tenere	che io tenga, che noi teniamo
uscire	che io esca, che noi usciamo
venire	che io venga, che noi veniamo
volere	che io voglia, che noi vogliamo

Daneben gibt es noch folgende **unregelmäßige Formen**:

essere	sia, siamo, siate, siano
avere	abbia, abbiamo, abbiate, abbiano
dare	dia, diamo, diate, diano
stare	stia, stiamo, stiate, stiano
sapere	sappia, sappiamo, sappiate, sappiano

▶ **Beachte!** Die Erwähnung des Personalpronomens ist in den Singularformen häufig sinnvoll, da die Endung keine Rückschlüsse auf die Person zulässt.

Vogliamo che (io/tu/lui/lei) **trovi** qualcosa da mangiare qui da noi.
Wir wollen, dass ich/du/er/sie hier bei uns etwas zu essen findet/findest/findet.

11.2 Der Konjunktiv Perfekt (il congiuntivo passato)

Die Bildung des Konjunktiv Perfekt
(la formazione del congiuntivo passato)

Benché, rispetto al passato, **sia aumentato** il numero di chi è pronto a impegnarsi e che molte persone **abbiano trovato** un aiuto, bisogna vedere tutti quelli che trovano poco sostegno.
Obwohl im Vergleich zu früher die Anzahl derer, die sich engagieren, gestiegen ist und viele Menschen Hilfe gefunden haben, muss man all diejenigen sehen, die wenig Hilfe bekommen.

Für die Bildung des Konjunktivs Perfekt und die Angleichung der Partizipien gelten die gleichen Regeln wie für das **passato prossimo** (vgl. **G** → 4.6), wobei für die Hilfsverben «avere» und «essere» die Konjunktivformen gewählt werden.

che (io/tu/lui/lei)	abbia	trovato	sia	aumentato, -a
che (noi)	abbiamo	trovato	siamo	aumentati, -e
che (voi)	abbiate	trovato	siate	aumentati, -e
che (loro)	abbiano	trovato	siano	aumentati, -e

11.3 Der Gebrauch des Konjunktivs (l'uso del congiuntivo)

Während der Indikativ dazu dient, auszudrücken, dass etwas wirklich geschehen ist/geschieht/geschehen wird …

Sei volontari parlano dell'organizzazione nella quale prestano il loro servizio.
Sechs Freiwillige sprechen über die Organisation, in der sie ihren Dienst leisten.

… wird im Italienischen der Konjunktiv gebraucht, um persönliche Einstellungen (Hoffnung, Angst, Freude, Meinung etc.) auszudrücken:

Pensiamo che sia importante far conoscere la natura e proteggere in particolare gli uccelli.
Wir denken, dass es wichtig ist, den Menschen die Natur näher zu bringen und insbesondere die Vögel zu schützen.

zu AB kopieren

11.3.1 Der Konjunktiv im Hauptsatz

Viva l'Italia! *Es lebe Italien!* Mi compro questa gonna, ti piaccia o no! *… ob es dir gefällt oder nicht!* Si salvi chi può! *Rette sich, wer kann!* Che me lo dica lui stesso! *Das soll er mir selbst sagen!*	Im Hauptsatz steht der Konjunktiv in formelhaften Wendungen, die zumeist einen Wunsch ausdrücken, und bei Aufforderungen an Dritte, wobei der Satz durch «che» eingeleitet wird.

11.3.2 Der Konjunktiv im Nebensatz

Der eigentliche Anwendungsbereich des Konjunktivs ist der Nebensatz. Dieser wird zumeist mit «che» eingeleitet. Die folgenden Unterteilungen nach inhaltlichen und grammatischen Kriterien sollen eine Lernhilfe sein. Die Liste ist weder vollständig, noch lassen sich Überschneidungen bei der Zuweisung zu den jeweiligen Gruppen vermeiden.

Der Konjunktiv nach Verben, die eine Willensäußerung/einen Wunsch ausdrücken

Aspetto che i giovani si impegnino.	**aspettare che …**	*erwarten, dass …*
Desideri che Carlo lo faccia?	**desiderare che …**	*wünschen, dass …*
È d'accordo che loro vengano.	**essere d'accordo che …**	*einverstanden sein, dass …*
Ordinate che ci aiutino?	**ordinare che …**	*befehlen/anordnen, dass …*
Non permetto che vi ci impegniate troppo.	**(non) permettere che …**	*nicht erlauben, dass …*
Preferiamo che veniate ad aiutarci.	**preferire che …**	*vorziehen, dass …*
Spera che sua madre glielo permetta.	**sperare che …**	*hoffen, dass …*
Vogliamo che le persone anziane possano incontrarsi nel nostro centro.	**volere che …**	*wollen, dass …*
Gli dica che torni subito! *(Aufforderung)*	**dire a qn che faccia …**	*jdm sagen, dass er … tun soll*
Mi auguro che molti giovani abbiano voglia di aiutarci.	**augurare/augurarsi, che …**	*(sich) wünschen, dass …*

Der Konjunktiv nach Verben und Ausdrücken der Gefühlsäußerung

Gianni è contento che gli anziani accettino la mensa.	**essere contento, -a che …**	*zufrieden sein, dass …*
Ha paura che il prezzo per un pranzo sia troppo alto.	**avere paura che …**	*Angst haben/ befürchten, dass …*
Gli fa piacere che il numero dei volontari aumenti.	**far piacere a qn che …**	*es gefällt jdm, dass …*

Der Konjunktiv nach Verben und Ausdrücken des Zweifels

Dubito che i poveri abbiano il minimo per vivere.	**dubitare che …**	*zweifeln, dass …*
Non sono sicuro che/se i poveri trovino ogni giorno qualcosa da mangiare.	**non essere sicuro, -a che …**	*nicht sicher sein, ob/dass …*

Der Konjunktiv nach Ausdrücken des Sagens und Denkens

Pensiamo che sia importante far conoscere la natura. Credo che sia importante aiutare gli altri. Ho l'impressione che tante persone abbiano bisogno d'aiuto.	**pensare che …** *denken, dass …* **credere che …** *glauben, dass …* **aver l'impressione che …** *den Eindruck haben, dass …*	Auch wenn sich in der gesprochenen Sprache der Gebrauch des Indikativs mehr und mehr durchsetzt, wird – zumindest in der Schriftsprache – der Konjunktiv aufgrund der Tatsache vorgezogen, dass eine Meinungsäußerung immer höchst subjektiv ist.
Credi che Marco possa aiutarci? *Glaubst du, dass Marco uns helfen kann?* Non penso che Elisabetta sia già arrivata. *Ich denke nicht, dass Elisabetta schon angekommen ist.* Non ho l'impressione che la nuova casa gli piaccia. *Ich habe nicht den Eindruck, dass das neue Haus ihm/ihr gefällt.*		Werden die oben genannten Verben oder Ausdrücke fragend oder verneinend gebraucht, überwiegt auch in der gesprochenen Sprache der Konjunktiv.
Non dico che tu sia stupido. *Ich sage nicht, dass du dumm bist.* Non ho mai affermato che Paolo abbia rubato la chiave. *Ich habe nie behauptet, dass Paolo den Schlüssel gestohlen hat.*	**non dire che, …** *nicht sagen, dass …* **non affermare che …** *nicht behaupten, dass …*	Werden «dire» und «affermare» in verneinter Form in der Bedeutung von „nicht behaupten" gebraucht, steht in der Regel der Konjunktiv.

Si dice/dicono che le organizzazioni come "Legambiente" proteggano bene la natura. *Man sagt (es heißt), dass Organisationen wie „Legambiente" die Natur gut schützen.*	**si dice che/ dicono che**	Wird das Verb «dire» unpersönlich gebraucht, so steht in der Regel der Konjunktiv, v. a. wenn man die Unsicherheit der Aussage betonen will.

▶ **Beachte!** Bei dem bejahten «**dire**» und auch «**scrivere**» steht grundsätzlich der Indikativ, es sei denn, man drückt eine Aufforderung aus.

Scrivile che verrò alla mensa. *Schreib ihr, dass ich zur Mensa kommen werde.*	→ Feststellung
Scrivile che ci venga anche lei. *Schreib ihr, dass sie auch dorthin kommen soll.*	→ Aufforderung (vgl. **G** → 13.5).

Der Konjunktiv nach unpersönlichen Ausdrücken der Willensäußerung, des Zweifels, des Glaubens und der subjektiven Bewertung

Bisogna che anche gli immigrati abbiano il minimo indispensabile per la sopravvivenza. *Es ist nötig, dass auch die Immigranten das Existenzminimum haben.*
Basta che tutti si impegnino. *Es genügt, dass alle sich engagieren.*
Mi dispiace che la gente (non) si interessi al progetto. *Es tut mir Leid, dass die Leute sich nicht für das Projekt interessieren.*
Mi piace che anche Laura si impegni. *Es gefällt mir, dass auch Laura sich engagiert.*
È meglio che non si preoccupino. *Es ist besser, dass sie sich keine Sorgen machen.*
È ora che il traffico sia escluso dal centro. *Es ist an der Zeit, den Verkehr aus dem Stadtzentrum zu verbannen.*
È necessario che l'Europa paghi il prezzo giusto. *Es ist nötig, dass Europa den gerechten Preis zahlt.*
È naturale che gli europei non vogliano pagare. *Es ist natürlich, dass die Europäer nicht zahlen wollen.*
È probabile che non siano stati informati bene. *Es ist wahrscheinlich, dass sie nicht gut informiert wurden.*

È un peccato che le mense siano poche.
Es ist schade, dass es nur so wenig Mensen gibt.

È (im)possibile che non tutti i senzatetto conoscano le nostre mense.
Es ist (un)möglich, dass nicht alle Obdachlosen unsere Mensen kennen.

È facile/difficile che Marco e Elisa si impegnino di più.
Es ist leicht möglich/unwahrscheinlich, dass sich Marco und Elisa mehr engagieren.

È inevitabile che paesi europei cambino il loro modo di vita.
Es ist unvermeidbar, dass die europäischen Länder ihre Lebensweise ändern.

Può darsi che tra qualche anno non ci siano più risorse naturali.
Es ist möglich, dass es in ein paar Jahren keine natürlichen Ressourcen mehr geben wird.

Mi sa che Elisa non sia al corrente.
Mir scheint, dass Elisa nicht auf dem Laufenden ist.

Sembra che non ne abbiano voglia.
Es scheint, dass sie dazu keine Lust haben.

Mi pare che Marco e Elisabetta siano partiti presto.
Es scheint mir, dass Marco und Elisabetta früh abgefahren sind.

► **Beachte jedoch!** Nach den folgenden unpersönlichen Wendungen, die eine Gewissheit ausdrücken, steht der Indikativ.

È vero che gli anziani hanno bisogno di contatto.
Es ist wahr, dass die alten Menschen Kontakt (zu anderen) brauchen.

È sicuro che Elisabetta è impegnata molto.
Es ist sicher, dass Elisabetta viel zu tun hat.

È certo che i senzatetto hanno bisogno del nostro aiuto.
Sicherlich benötigen die Obdachlosen unsere Hilfe.

È chiaro che le mense sono necessarie.
Es ist klar, dass Mensen nötig sind.

Werden diese Wendungen jedoch verneint, so stehen sie mit dem Konjunktiv.

Non è vero che tutti gli anziani abbiano bisogno di contatto.
Es ist nicht wahr, dass alle alten Menschen Kontakt (zu anderen) brauchen.

Der Konjunktiv nach Konjunktionen

Malgrado che/Benché/Sebbene conoscano i problemi gli europei non si impegnano abbastanza. *Obwohl sie die Probleme kennen, …*	**malgrado che/ benché/sebbene**
Siamo pronti ad aiutare i bambini **affinché/perché** abbiano un aiuto quando sono vittime della violenza. *… damit diese eine Hilfestellung bekommen, wenn …*	**affinché/perché**
Vi aiuto **a condizione che** mi diate i consigli necessari. *Ich helfe euch unter der Bedingung, dass …*	**a condizione che**
Impegniamoci **prima che** sia troppo tardi. *… bevor es zu spät ist.*	**prima che**
Il mondo non cambia **senza che** gli europei rinuncino a certe cose. *… ohne dass die Europäer auf gewisse Dinge verzichten.*	**senza che**

► **Beachte!** Wird die Konjunktion «**benché, purché, perché**» oder «**affinché**» im gleichen Satz wieder aufgenommen, steht in der Regel die Kurzform «**che**».

Benché, rispetto al passato, sia aumentato il numero di chi è pronto a impegnarsi e **che** molte persone abbiano trovato un aiuto, bisogna vedere tutti quelli che trovano poco sostegno.
Obwohl im Gegensatz zu früher die Anzahl derer, die bereit sind, sich für andere zu engagieren, gestiegen ist und viele Menschen Hilfe gefunden haben, muss man all diejenigen sehen, die wenig Hilfe bekommen.

Infinitiv statt Konjunktiv

Statt eines Nebensatzes mit Konjunktivformen wird oft eine Infinitivkonstruktion gewählt, wenn

1. Haupt- und Nebensatz dasselbe Subjekt haben:

Ho paura di impegnarmi troppo.
Ich habe Angst (davor), mich zu stark zu engagieren.

2. das Subjekt des Nebensatzes zugleich Objekt des Hauptsatzes ist:

Gli **ho raccomandato** di rifletterci ancora una volta.
Ich habe ihm empfohlen, noch einmal darüber nachzudenken.

3. das Subjekt nicht bekannt ist:

È pericoloso sporgersi.
Es ist gefährlich, sich hinauszulehnen.

11.4 Adjektive und Adverbien II

"Penso **positivo** perché son vivo."

Im Italienischen werden einige Adjektive in Verbindung mit bestimmten Verben als Adverb gebraucht:

andare diritto	*geradeaus gehen*	tenere fermo	*festhalten*
parlare forte	*laut sprechen*	costare caro	*teuer sein*
andare forte	*schnell gehen/fahren*	dire chiaro e tondo	*klipp und klar sagen*
parlare piano	*leise sprechen*	andare piano	*langsam gehen/ fahren*

"Made in Italy"

12.1 Die Konjunktionen (le congiunzioni)

Dato che in Germania vivono più di 600 000 italiani si vede che l'Italia è arrivata in Germania.
Da in Deutschland mehr als 600 000 Italiener leben, sieht man, dass Italien in Deutschland angekommen ist.

Konj- +

Sebbene molti dicano che la nostra vita sia sempre più americanizzata, l'Italia moderna è presente in quasi tutti i campi.
Obwohl viele sagen, dass unser Leben immer stärker amerikanisiert ist, ist das moderne Italien auf fast allen Gebieten präsent.

Dopo che ci siamo alzati la mattina, prendiamo il caffè.
Nachdem wir am Morgen aufgestanden sind, nehmen wir einen Kaffee zu uns.

Poi facciamo la doccia in un bagno arredato con stile; **anche se** non c'è il marmo di Carrara, abbiamo scelto ceramica italiana.
Dann duschen wir in einem stilvoll eingerichteten Bad, und auch wenn es kein Marmor aus Carrara ist, so haben wir doch italienische Keramik ausgewählt.

Andiamo al lavoro e **quando** non fa bel tempo prendiamo la macchina.
Wir gehen zur Arbeit und bei schlechtem Wetter nehmen wir das Auto.

La nostra macchina non è necessariamente italiana, **ma** almeno in parte disegnata da designer italiani.
Unser Auto ist nicht unbedingt italienisch, aber doch wenigstens zum Teil von italienischen Designern kreiert.

Dopo il lavoro, **mentre** facciamo un giro in città, possiamo ammirare nelle vetrine i vestiti dei grandi maestri italiani del design di moda.
Während wir nach der Arbeit einen Stadtbummel machen, können wir in den Schaufenstern der Modeläden die Kleidung der größten italienischen Modedesigner bewundern.

12.1.1 Beiordnende Konjunktionen

e	***und***
Molti mangiano qualcosa di sano **e** leggero.	*Viele Leute essen gesunde und leicht bekömmliche Speisen.*
o/oppure	***oder***
Le nostre macchine sono disegnate da designer come Pininfarina **o/oppure** Bertone.	*Unsere Autos werden von Designern wie Pininfarina oder Bertone kreiert.*
o … o	***entweder … oder***
O prendiamo un aperitivo **o** mangiamo un antipasto.	*Entweder wir nehmen einen Aperitiv zu uns oder essen eine Vorspeise.*
non …/né … né	***weder … noch***
Non ci piacciono molto **né** le macchine giapponesi **né** quelle coreane.	*Uns gefallen weder die japanischen noch die koreanischen Autos.*
ma	***aber***
Non abbiamo il marmo di Carrara, **ma** almeno della bella ceramica italiana.	*Wir haben keinen Marmor aus Carrara, aber doch wenigstens schöne italienische Keramik.*
dunque/quindi	***folglich, daher***
Piove, **dunque/quindi** non possiamo andare al mare.	*Es regnet, daher können wir nicht ans Meer fahren.*
perciò	***deshalb***
Ci piace lo stile italiano, **perciò** compriamo vestiti italiani.	*Uns gefällt der italienische Stil, deshalb kaufen wir italienische Kleidung.*
però	***dennoch***
A Marta piace leggere, **però** non ha molto tempo per la lettura.	*Marta liest gerne, dennoch hat sie nicht viel Zeit zum Lesen.*

12.1.2 Unterordnende Konjunktionen

Neben den ursprünglichen, einfachen Konjunktionen (quando, mentre ...) gibt es eine große Anzahl von zusammengesetzten Konjunktionen, welche zumeist aus der Konjunktion «che» und einem oder mehreren weiteren Elementen zusammengesetzt sind. Die neu entstandenen Konjunktionen können aus mehreren Wörtern bestehen (dato che, dopo che, prima che …) oder aber im Laufe der Zeit zu einem Wort verschmolzen sein (finché, benché …).

Manche der unterordnenden Konjunktionen lösen den Konjunktiv aus (siehe Liste).

Unterordnende Konjunktionen mit temporalem Sinn

prima che (+ cong.)	***bevor***
Telefonami **prima che partiate** per Roma.	*Ruf mich an, bevor ihr nach Rom fahrt.*
quando	***wenn, sobald***
Possiamo bere qualcosa **quando** avremo finito.	*Wir können etwas trinken, wenn/sobald wir fertig sind.*
da quando	***seit, seitdem***
Da quando mi impegno mi sento più utile.	*Seit ich mich engagiere, fühle ich mich nützlicher (als früher).*
dopo che	***nachdem***
Dopo che erano partiti gli altri abbiamo rimesso tutto in ordine.	*Nachdem die anderen weg waren, haben wir alles wieder aufgeräumt.*
mentre	***während***
Mentre aspettavo guardavo la sfilata di moda.	*Während ich wartete, sah ich mir die Modenschau an.*
appena	***sobald, kaum***
Appena erano partiti sono andata a letto.	*Sobald sie weg waren/Kaum waren sie weg, bin ich ins Bett gegangen.*
finché	***solange***
Finché piove non potete uscire.	*Solange es regnet, könnt ihr nicht hinausgehen.*
finché (+ cong.)	***bis***
Devo aspettare **finché** la mensa (non) **apra**.	*Ich muss (so lange) warten, bis die Mensa öffnet.*
finché (+ ind.)	***bis***
Ragazzi, aspettate **finché** (non) **viene** la prof!	*Hey Leute, wartet (so lange) bis die Lehrerin kommt.*

Unterordnende Konjunktionen mit konzessivem Sinn

anche se (+ ind.)	***auch wenn, obwohl***
Anche se i giovani non **hanno** molti soldi comprano vestiti di marca.	*Obwohl die Jugendlichen nicht viel Geld haben, kaufen sie Markenkleidung.*
benché/sebbene/malgrado/per quanto/nonostante che (+ cong.)	***obwohl***
Benché i giovani non **abbiano** molti soldi comprano vestiti di marca.	*Obwohl die Jugendlichen nicht viel Geld haben, kaufen sie Markenkleidung.*

Unterordnende Konjunktionen mit kausalem Sinn

siccome/dato che/visto che/ dal momento che/poiché	***da, weil*** *(am Satzanfang)*
Siccome devo finire la mia tesi di laurea, non potrò andare al mare quest'anno.	*Da ich meine Examensarbeit fertig schreiben muss, werde ich in diesem Jahr nicht ans Meer fahren können.*
perché	***weil*** *(in der Satzmitte)*
Non mi impegno **perché** non ho tempo.	*Ich engagiere mich nicht, weil ich keine Zeit habe.*

► **Beachte!** Wenn der Nebensatz dem Hauptsatz vorausgeht, werden im Italienischen «siccome, dato che, visto che, dal momento che» oder «poiché» verwendet.

Perché non sei venuta? – **Perché** non avevo abbastanza tempo.
Warum bist du nicht gekommen? – Weil ich nicht genug Zeit hatte.

Non sono venuta **perché** non avevo abbastanza tempo.
Ich bin nicht gekommen, weil ich nicht genug Zeit hatte.

Siccome non avevo abbastanza tempo non sono venuta.
Da ich nicht genug Zeit hatte, bin ich nicht gekommen.

► **Beachte!** Wird in einem Satz eine zusammengesetzte Konjunktion wieder aufgenommen, steht in der Regel die Kurzform «che» (vgl. dazu auch **G** → 11).

Dato che in Germania vivono molti italiani **e che** i contatti tra i paesi europei sono molto stretti, si vede che l'Italia è arrivata in Germania.

Da in Deutschland viele Italiener leben und die Kontakte zwischen den europäischen Ländern sehr eng sind, kann man sehen, dass Italien in Deutschland angekommen ist.

Unterordnende Konjunktionen mit konditionalem Sinn

sempre che (+ cong.)/ purché (+ cong.)	***aber nur, wenn***
Certo che verrò, **sempre che/purché** ti **faccia** piacere.	*Klar komme ich, aber nur, wenn es dir Freude bereitet.*
a condizione che (+ cong.)	***unter der Bedingung, dass***
Le do questo libro **a condizione che** me lo restituisca entro venerdì.	*Ich gebe Ihnen dieses Buch unter der Bedingung, dass Sie es mir bis Freitag zurückgeben.*
a meno che non (+ cong.)	***sofern nicht***
Partiamo domani **a meno che** non **piova.**	*Wir fahren morgen weg, sofern es nicht regnet.*
nel caso che (+ cong.)/ caso mai (+ cong.)	***gesetzt den Fall, dass … falls …***
Nel caso che io finisca questo lavoro prima, potrò venire alla tua festa.	*Gesetzt den Fall, dass ich diese Arbeit vorher beende, kann ich zu deinem Fest kommen.*
se (+ ind. pres.)	***wenn, falls***
Se hai tempo, vieni alla mia festa.	*Wenn du Zeit hast, komm zu meinem Fest.*

Drückt «se» im Bedingungssatz eine reale Bedingung aus, so steht der Indikativ Präsens.
→ Zu den anderen Fällen des Bedingungssatzes vgl. **G** → 14.1.

Weitere Konjunktionen

che	***dass***
Penso **che** i vestiti di Armani saranno sempre di moda.	*Ich denke, dass die Kleidung von Armani immer modern sein wird.*
tanto che	***so viel … dass***
Ho lavorato **tanto che** non riesco più a tenermi sveglia.	*Ich habe so viel gearbeitet, dass ich es nicht mehr schaffe, wach zu bleiben.*
senza che (+ cong.)	***ohne dass***
Non puoi uscire **senza che** i tuoi **sappiano** dove vai.	*Du kannst nicht weggehen, ohne dass deine Eltern wissen, wohin du gehst.*
affinché (+ cong.)/perché (+ cong.)	***damit***
Il fine settimana cerco di tornare a casa presto **affinché/perché** i miei siano contenti.	*Am Wochenende versuche ich früh nach Hause zu kommen, damit meine Eltern zufrieden sind.*

► **Beachte!** Die Konjunktion **perché** hat also nicht nur kausalen, sondern auch finalen Sinn. In diesem Fall muss der Konjunktiv verwendet werden, da der Nebensatz einen Wunsch oder eine Forderung beinhaltet.

► **Beachte!** Bei Subjektgleichheit ist die Verwendung des Infinitivs eine sehr elegante Lösung!

Dopo che avevano finito il lavoro, sono partiti.
Dopo aver finito il lavoro, sono partiti.
Nachdem sie die Arbeit beendet hatten, sind sie weggegangen.

Prima che (io) mi impegni, devo informarmi sui vostri scopi.
Prima di impegnarmi, devo informarmi sui vostri scopi.
Bevor ich mich engagiere, muss ich mich über eure Ziele informieren.

Non vado mai al cinema senza che io sappia che film danno.
Non vado mai al cinema **senza sapere** che film danno.
Ich gehe nie ins Kino, ohne zu wissen, welche Filme laufen.

12.2 Das Passiv (la voce passiva)

Das Passiv mit «essere» und «venire»

Einfache Zeiten		**Zusammengesetzte Zeiten** nur mit essere!	
Presente	La lettera **è scritta** da Lucia. *Der Brief ist von Lucia geschrieben.* La lettera **viene scritta** da Lucia. *Der Brief wird von Lucia geschrieben.* **Questi vestiti** non **vengono fatti** per **essere portati**. *Diese Kleidungsstücke werden nicht hergestellt, um getragen zu werden.*	Passato prossimo	La lettera **è stata scritta** da Lucia. *Der Brief ist von Lucia geschrieben worden.* Oggi **sono state presentate le collezioni** per la prossima stagione. *Heute sind die Kollektionen für die nächste Saison vorgeführt worden.*
Imperfetto	La lettera **era scritta** da Lucia. *Der Brief war von Lucia geschrieben.* La lettera **veniva scritta** da Lucia. *Der Brief wurde von Lucia geschrieben.*	Trapassato prossimo	La lettera **era stata scritta** da Lucia. *Der Brief war von Lucia geschrieben worden.*
Futuro semplice	La lettera **sarà scritta** da Lucia. La lettera **verrà scritta** da Lucia. *Der Brief wird von Lucia geschrieben werden.* **Tutte queste idee potranno essere ritrovate** nelle prossime collezioni. *Alle diese Ideen werden in den nächsten Kollektionen zu finden sein.*	Futuro composto	La lettera **sarà stata scritta.** *Der Brief wird geschrieben worden sein.*

→

Einfache Zeiten		Zusammengesetzte Zeiten	
Condizionale semplice	La lettera **sarebbe scritta** da Lucia. La lettera **verrebbe scritta** da Lucia. *Der Brief würde von Lucia geschrieben werden.*	Congiuntivo passato	... che la lettera **sia stata scritta**. *... dass der Brief geschrieben worden sei.*
Congiuntivo presente	... che la lettera **sia scritta**. *... dass der Brief geschrieben sei.* ... che la lettera **venga scritta**. *... dass der Brief geschrieben werde.*		

In den einfachen Zeiten wird das Passiv mit einer Form von «essere» bzw. «venire» und dem Partizip Perfekt gebildet. Hierbei richtet sich das Partizip Perfekt in Genus und Numerus nach dem Subjekt.

Venire wird benutzt, wenn man einen Vorgang ausdrückt (→ Vorgangspassiv):

La lettera viene scritta.
Der Brief wird geschrieben.

Essere wird benutzt, wenn ein Zustand ausgedrückt werden soll (→ Zustandspassiv):

La lettera è scritta.
Der Brief ist geschrieben.

► **Beachte! Essere** kann auch einen Vorgang ausdrücken! Dies muss aber aus dem Zusammenhang hervorgehen:

La lettera è scritta da mio padre.
Der Brief wird von meinem Vater geschrieben.

In den zusammengesetzten Zeiten wird das Passiv ausschließlich mit **«essere»** und dem Partizip Perfekt gebildet.

Das Passiv mit «andare»

Oggi a scuola **va portata la "divisa"**.
Heutzutage muss man in der Schule „Uniform" tragen.

La lettera **va scritta**.
Der Brief muss geschrieben werden.

La lettera **andava scritta**.
Der Brief musste geschrieben werden.

Diese Form, die der deutschen Wendung „müssen" + Passiv entspricht, wird aus einer Form von «andare» und dem Partizip Perfekt gebildet.

► **Achtung!** Sie kann – wie die Konstruktion mit dem Verb «venire» – nur in den einfachen Zeiten benutzt werden!

Gebrauch des Passivs (l'uso della voce passiva)

I grandi maestri del design italiano **hanno creato gli accessori**.
Die großen Meister des italienischen Design haben die Accessoires geschaffen.

Gli accessori sono stati creati dai grandi maestri del design italiano.
Die Accessoires sind von den großen Meistern des italienischen Design geschaffen worden.

Nur Verben mit einem direkten Objekt (transitiv direkte Verben) können ein Passiv bilden. Dabei wird das direkte Objekt des Aktivsatzes zum grammatischen Subjekt des Passivsatzes.
Soll der Urheber der Handlung (das Subjekt des Aktivsatzes) auch im Passivsatz genannt werden, so wird er mit der Präposition «da» angeschlossen.

Die Umschreibung des Passivs: il si passivante

(vgl. dazu auch **G** → 3.9)

Le Lamborghini sono macchine sportive che **si producono** in Italia.
Die Lamborghinis sind Sportwagen, die in Italien hergestellt werden.

Una buona pizza **si fa** con pomodori, mozzarella e olio.
Eine gute Pizza wird mit Tomaten, Mozzarella und Öl gemacht/… macht man mit …

I vini italiani si bevono con piacere.
Die italienischen Weine trinkt man gerne/werden gerne getrunken.

In der 3. Person Singular und Plural kann die si-Konstruktion das Passiv ersetzen. In diesem Fall wird das Objekt zum grammatischen Subjekt. Daher richtet sich das Verb im Numerus nach diesem Subjekt:

I vini … si bevono.
Die Weine trinkt man …

Die Verwendung der si-Konstruktion als Passiv-Ersatz ist im Italienischen sehr frequent.

12.3 Das Gerundium (il gerundio semplice e composto) vgl. G → 7.5

Dando il premio Pritzker a Piano, **la giuria** ha ricordato Brunelleschi.
Indem die Jury den Pritzker-Preis an Piano verlieh, hat sie an Brunelleschi erinnert.

Da Calvino **Renzo Piano** ha rubato l'ideale di leggerezza, **usando** anche l'acciaio.
Von Calvino hat Renzo Piano das Ideal der Leichtigkeit geraubt, indem er auch Stahl benutzte.

Avendo facciate in vetro, **la sede del New York Times** dovrà dare l'idea di sconfiggere la gravità.
Da der Sitz der N.Y.T. eine Glasfassade haben wird, soll er den Eindruck vermitteln, die Schwerkraft zu überwinden.

Essendo partita prima della fine della sfilata Bianca non ha visto gli ultimi modelli di Armani.
Da Bianca vor Ende der Modenschau weggegangen ist, hat sie die neuesten Modelle von Armani nicht gesehen.

→ Das Gerundium der Gegenwart bezeichnet eine Handlung, die gleichzeitig zu der des Hauptsatzes verläuft, das Gerundium der Vergangenheit dagegen steht, wenn eine vorausgehende Handlung erwähnt werden soll. Das Subjekt des Satzes ist immer auch das Subjekt des Gerundiums.

Formen des Gerundiums
Das Gerundium gehört wie der Infinitiv zu den nicht konjugierten (= infiniten) Formen der Verben. Es ist also unveränderlich.

	Gerundium der Gegenwart	**Gerundium der Vergangenheit**
-are		
guardare **provare** **cambiare**	guardando provando cambiando	avendo guardato avendo provato essendo cambiato/cambiata/ cambiati/cambiate
-ere		
vedere **conoscere** **essere**	vedendo conoscendo essendo	avendo visto avendo conosciuto essendo stato/stata/stati/state
-ire		
finire **dormire** **partire**	finendo dormendo partendo	avendo finito avendo dormito essendo partito/partita/ partiti/partite

Sonderformen

bere	bevendo	**dire**	dicendo	**fare**	facendo

Gebrauch
Das Gerundium ersetzt einen Nebensatz. Der Bezug zum Hauptsatz kann sein:

Gerundium der Gegenwart	**Das Gerundium …**	**… ersetzt:**
temporal (funzione temporale): *Gleichzeitigkeit*	**Ascoltando** quella canzone piangeva sempre. *Während sie jenes Lied hörte, weinte sie immer.*	**Mentre ascoltava** quella canzone piangeva sempre. *Beim Hören jenes Liedes weinte sie immer.*
kausal (funzione causale): *Grund*	**Non avendo** voglia di andare a teatro, Mario è tornato a casa. *Da Mario keine Lust hatte, ins Theater zu gehen, ist er nach Hause zurückgekehrt.*	**Siccome non aveva** voglia di andare a teatro, Mario è tornato a casa.
konditional (funzione condizionale): *Bedingung*	**Prendendo** l'autobus, arrivi prima. *Wenn du den Bus nimmst, kommst du früher an.*	**Se prendi** l'autobus, arrivi prima.
modal (funzione modale): *Art und Weise*	Studiava l'italiano **ascoltando** delle cassette. *Er lernte Italienisch, indem er Cassetten hörte.*	Studiava l'italiano **con l'ascolto** di cassette.
konzessiv (funzione concessiva): *Einräumung (in Verbindung mit «pur»)*	**Pur** non **essendo** stanco sono andato a letto presto. *Obwohl ich nicht müde war, bin ich früh zu Bett gegangen.*	**Anche se** non **ero** stanco sono andato a letto presto.

Gerundium der Vergangenheit	**Das Gerundium …**	**… ersetzt:**
temporal (funzione temporale)	**Avendo scritto** la lettera l'ha messa nella busta. *Nachdem sie den Brief geschrieben hatte, hat sie ihn in den Umschlag gesteckt.*	**Dopo che aveva scritto**/ **Dopo aver scritto** la lettera l'ha messa nella busta.
kausal (funzione causale)	**Essendo stato** l'amico del morto voleva aiutare la famiglia. *Da er der Freund des Toten war,/ als Freund des Toten wollte er der Familie helfen.*	**Siccome era stato** l'amico del morto voleva aiutare la famiglia.

Das Gerundium der Vergangenheit kann kausale oder temporale Bedeutung haben und wird vorwiegend in der Schriftsprache verwendet.

▶ **Beachte!**

L'ho visto uscendo dal ristorante.
Ich habe ihn gesehen, als ich aus dem Restaurant kam.

L'ho visto uscire dal ristorante./L'ho visto che usciva dal ristorante.
Ich habe gesehen, wie er aus dem Restaurant kam.

→ Das Gerundium kann generell nur bei Subjektsgleichheit verwendet werden. Nur in Kausalsätzen kann das Gerundium ein eigenes Subjekt haben. Dieses muss dann nachgestellt werden:

Essendo partita Bianca sua madre non sa più con chi parlare.
Da Bianca weggegangen ist, weiß ihre Mutter nicht mehr, mit wem sie sprechen soll.

12.4 Die Stellung der Objektpronomen beim Gerundium

Piano è stato paragonato a tanti maestri del passato. **Dandogli** quest'anno il famoso premio la giuria ha ricordato Brunelleschi. *Piano ist bereits mit vielen Meistern der Vergangenheit verglichen worden. Indem die Jury ihm dieses Jahr den berühmten Preis verlieh, hat sie an Brunelleschi erinnert.* **Dandoglielo** ha ricordato Brunelleschi. *Indem die Jury ihm den Preis verlieh …*	Wie bei allen infiniten Formen werden unbetonte Objektpronomen und **particelle** an das Gerundium angehängt. Die Betonung der vorletzten Silbe der Gerundiumform bleibt davon unberührt.

«stare» + Gerundium/«andare» + Gerundium

La classe sta aspettando la prof. *Die Klasse wartet gerade auf die Lehrerin.*	«Stare» + Gerundium betont den momentanen Ablauf einer bestimmten Handlung. (vgl. **G** → 7.5)
Lui andava raccontando per anni che era stato in Giamaica. *Er erzählte jahrelang herum, dass er in Jamaica gewesen sei.*	«Andare» + Gerundium betont die ständige Wiederholung eines Vorgangs.

Il mondo del lavoro

13.1 Der Konjunktiv Imperfekt (il congiuntivo imperfetto) ✓

La mia famiglia preferiva che io **continuassi** a lavorare.
Meine Familie zog vor, dass ich weiter arbeitete.

I miei genitori desideravano che io **avessi** un posto sicuro.
Meine Eltern wünschten sich, dass ich einen festen Arbeitsplatz bekäme.

Mia madre voleva che **partissimo** con lei.
Meine Mutter wollte, dass wir mit ihr weggingen.

Formen

-are **continuare**	**-ere** **avere**	**-ire I** **partire**	**-ire II** **finire**
che io continu-assi	che io av-essi	che io part-issi	che io fin-issi
che tu continu-assi	che tu av-essi	che tu part-issi	che tu fin-issi
che (lui/lei/Lei) continu-asse	che (lui/lei/Lei) av-esse	che (lui/lei/Lei) part-isse	che (lui/lei/Lei) fin-isse
che (noi) continu-assimo	che (noi) av-essimo	che (noi) part-issimo	che (noi) fin-issimo
che (voi) continu-aste	che (voi) av-este	che (voi) part-iste	che (voi) fin-iste
che (loro) continu-assero	che (loro) av-essero	che (loro) part-issero	che (loro) fin-issero

Beim Konjunktiv Imperfekt gibt es bei den Verben auf **-ire** keinen Unterschied zwischen der ersten und der zweiten Gruppe.
Da bei allen Verben die erste und zweite Person Singular die gleiche Form aufweist, wird zur Verdeutlichung in der Regel das Personalpronomen gesetzt.

Sonderformen

essere	fossi, fossi, fosse, fossimo, foste, fossero
dare	dessi, dessi, desse, dessimo, deste, dessero
stare	stessi, stessi, stesse, stessimo, steste, stessero
bere	bevessi,... (lat. bibere)
produrre	producessi,... (lat. producere)
dire	dicessi,... (lat. dicere)
fare	facessi,... (lat. facere)

Zum **Gebrauch** des **congiuntivo imperfetto** s. **G** → 13.4

13.2 Der Konjunktiv Plusquamperfekt (il congiuntivo trapassato)

La mia famiglia non immaginava **che io avessi già preso** la decisione di mettermi nel commercio.
Meine Familie glaubte nicht, dass ich schon die Entscheidung getroffen hätte, im Handel zu arbeiten.

Sebbene all'inizio **fossi convinta** del lavoro, ho scoperto diversi lati negativi.
Obwohl ich zu Beginn von der Arbeit überzeugt war, habe ich verschiedene negative Seiten entdeckt.

Der Konjunktiv Plusquamperfekt wird gebildet mit den Formen des Konjunktiv Imperfekt der Hilfsverben «avere» und «essere» (vgl. Lektion 10) und mit dem Partizip Perfekt.
Dabei folgt die Angleichung des Partizips den bekannten Regeln.

Zum **Gebrauch** des **congiuntivo trapassato** s. **G** → 13.4

nur Bildung

13.3 Das Konditional II (il condizionale passato)

Al telefono mi aveva detto che **avrei potuto** vivere un paio di settimane da lei.
Am Telefon hatte sie mir gesagt, dass ich ein paar Wochen bei ihr bleiben könnte.

Mia cugina mi diceva sempre che tutto **sarebbe andato** per il meglio.
Meine Cousine sagte mir immer, dass sich alles bestens entwickeln würde.

Das Konditional II wird gebildet mit den Konditionalformen der Hilfsverben «avere» und «essere» (vgl. **G** → 6.1) und mit dem Partizip Perfekt.
Auch hier folgt die Angleichung des Partizips den bekannten Regeln.

Zum **Gebrauch** des **condizionale passato** s. **G** → 13.4 und **G** → 14.1

13.4 Die Zeitenfolge in Sätzen mit Konjunktiv (la concordanza dei tempi in frasi con congiuntivo): Vorzeitigkeit und Gleichzeitigkeit

Wie im Deutschen kann im Italienischen durch die Zeitenwahl in Haupt- und Nebensatz ein Zeitverhältnis zwischen beiden Teilsätzen ausgedrückt werden. Man spricht dabei von Zeitenfolge. Abhängig vom Verb steht im Nebensatz der Indikativ oder der Konjunktiv.

Der Hauptsatz steht in einer Zeitform der Gegenwartsgruppe

Im Nebensatz steht der **Indikativ**:

		la situazione **è stata**		Vorzeitigkeit → passato prossimo
So	**che**	la situazione **è**	critica.	Gleichzeitigkeit → presente
		la situazione **sarà**		Nachzeitigkeit → futuro semplice
				gewesen ist.
Ich weiß,	*dass*	*die Situation*	*kritisch*	*ist.*
				sein wird.

Im Nebensatz steht der **Konjunktiv**:

		la situazione **sia stata**		Vorzeitigkeit → congiuntivo passato
Temo	**che**	la situazione **sia**	critica.	Gleichzeitigkeit → congiuntivo presente
		la situazione **sia/sarà**		Nachzeitigkeit → congiuntivo presente/ futuro semplice
				gewesen ist.
Ich fürchte,	*dass*	*die Situation*	*kritisch*	*ist.*
				sein wird.

→ Steht das Verb des Hauptsatzes in einer Zeit der Gegenwartsgruppe (presente, futuro), so werden im abhängigen Nebensatz je nach Zeitverhältnis **passato prossimo** (bzw. congiuntivo passato), **presente** (bzw. congiuntivo presente) oder **futuro** gewählt. Da das Futur über keine eigene Konjunktivform verfügt, steht bei Nachzeitigkeit im konjunktivischen Nebensatz entweder der **congiuntivo presente** oder das **futuro**.

Der Hauptsatz steht in einer Zeitform der Vergangenheitsgruppe

Im Nebensatz steht der **Indikativ**:

		la situazione **era stata**		Vorzeitigkeit → trapassato prossimo
Sapevo	**che**	la situazione **era**	critica.	Gleichzeitigkeit → imperfetto
		la situazione **sarebbe stata**		Nachzeitigkeit → condizionale passato
				gewesen war.
Ich wusste,	*dass*	*die Situation*	*kritisch*	*war.*
				sein würde.

Im Nebensatz steht der **Konjunktiv**:

		la situazione **fosse stata**		Vorzeitigkeit → congiuntivo trapassato
				Gleichzeitigkeit → congiuntivo imperfetto
Temevo	**che**	la situazione **fosse**	critica.	Nachzeitigkeit → condizionale ~~passato~~ trapassato
		la situazione **fosse/ sarebbe stata**		
				gewesen war.
Ich fürchtete,	*dass*	*die Situation*	*kritisch*	*war.*
				sein würde.

→ Steht das Verb des Hauptsatzes in einer Zeit der Vergangenheitsgruppe (imperfetto, passato prossimo, trapassato, condizionale), so werden im abhängigen Nebensatz je nach Zeitverhältnis **trapassato prossimo** (bzw. congiuntivo trapassato), **imperfetto** (bzw. congiuntivo imperfetto) oder das **condizionale passato** gewählt. Bei Nachzeitigkeit im konjunktivischen Nebensatz wird entweder der **congiuntivo imperfetto** oder das **condizionale passato** gesetzt.

▶ Beachte!

1. Das passato prossimo gehört der Vergangenheitsgruppe an.

Quando sono arrivata ho visto subito che avevano già mangiato tutto.
Als ich angekommen bin, sah ich sofort, dass sie schon alles gegessen hatten.

Wenn der Bezug zur Gegenwart aber besonders betont werden soll, wird das passato prossimo wie eine Zeit der Gegenwartsgruppe behandelt:

Ho appena pensato che sia meglio non andare a questa festa.
Ich habe gerade gedacht, dass es besser sei, nicht zu diesem Fest zu gehen.

2. Das Konditional zählt zur Vergangenheitsgruppe.

Vorrei che tu lo sapessi.
Ich möchte, dass du es weißt.

13.5 Die indirekte Rede I (il discorso indiretto): Formen der Verben

Auch in der indirekten Rede gelten die Regeln der Zeitenfolge (s. **G** → 13.4). Allerdings wird – anders als im Deutschen – nach den Verben des Sagens der Indikativ gebraucht:

Una settimana fa Mario mi ha detto che Stefania era malata e che perciò non era partita per Roma.
Vor einer Woche hat mir Mario gesagt, dass Stefania krank sei und dass sie deshalb nicht nach Rom gefahren sei.

Der Einführungssatz steht in einer Zeitform der Gegenwartsgruppe

Discorso diretto		**Discorso indiretto**	
Paolo: "Un mese fa **ho finito** la scuola." *Paolo: „Vor einem Monat habe ich die Schule beendet."*	**Paolo dice che** *Paolo sagt, dass …*	… un mese fa **ha finito** la scuola. *… er vor einem Monat die Schule beendet hat.*	Vorzeitigkeit → passato prossimo
Paolo: "Adesso non **ho** voglia di andare all'università." *Paolo: „Jetzt habe ich keine Lust, zur Uni zu gehen."*		… adesso non **ha** voglia di andare all'università. *… er jetzt keine Lust hat, zur Uni zu gehen.*	Gleichzeitigkeit → presente
Paolo: "Quest'estate **andrò** in vacanza." *Paolo: „In diesem Sommer werde ich in Urlaub gehen."*		… quest'estate **andrà** in vacanza. *… er in diesem Sommer in Urlaub gehen wird.*	Nachzeitigkeit → futuro semplice
Paolo: "Maria, **sei** già andata in vacanza quest'anno?" *Paolo: „Maria, bist du in diesem Sommer schon in Urlaub gegangen?"*	**Paolo chiede a Maria se** *Paolo fragt, ob …*	… **è** già **andata** in vacanza quest'anno. *… sie in diesem Jahr schon in Urlaub gegangen ist.*	Indirekte Frage Vorzeitigkeit → passato prossimo
Paolo: "Maria, **hai** voglia di partire con me?" *Paolo: „Maria, hast du Lust, mit mir wegzufahren?"*		… **ha** voglia di partire con lui. *… sie Lust hat, mit ihm wegzufahren.*	Indirekte Frage Gleichzeitigkeit → presente
Paolo: "Maria, me lo **farai** sapere domani?" *Paolo: „Maria, wirst du mir morgen Bescheid geben?"*		… glielo **farà** sapere domani. *… ob sie ihm morgen Bescheid geben wird.*	Indirekte Frage Nachzeitigkeit → futuro semplice

Steht im einleitenden Satz eine Verbform der Gegenwartsgruppe **(presente, futuro)**, so wird im abhängigen Satz **(discorso indiretto)** die Zeit gesetzt, die auch im unabhängigen Satz **(discorso diretto)** benutzt wird. Wie im Deutschen wird die Person verändert, wenn dies singgemäß erforderlich ist. Die indirekte Frage wird durch die Konjunktion «se» bzw. durch Fragewörter eingeleitet.

Giulio mi chiede se ho tempo stasera.
Giulio fragt mich, ob ich heute Abend Zeit habe.

Giulia mi chiede dov'è via Cavour.
Giulio fragt mich, wo die Via Cavour ist.

► **Beachte!** Eine **Imperativform** im unabhängigen Satz wird folgendermaßen wiedergegeben:

Paolo: "Maria, accompagnami!"
Paolo: „Maria, begleite mich!"

Paolo dice a Maria
– di accompagnarlo. (Infinitivanschluss mit «di»)
– che lo accompagni. (congiuntivo presente)
– che lo deve accompagnare/che deve accompagnarlo.
  (Umschreibung mit der Präsensform von «dovere»)
Paolo sagt zu Maria, sie solle ihn begleiten/dass sie ihn begleiten soll.

Der Einführungssatz steht in einer Zeitform der Vergangenheitsgruppe

Discorso diretto		**Discorso indiretto**	
Paolo: "Un mese **fa ho finito** la scuola." *Paolo: „Vor einem Monat habe ich die Schule beendet."*	**Paolo diceva/ ha detto che** *Paolo sagte, dass …*	… un mese **prima aveva finito** la scuola. *… er einen Monat zuvor die Schule beendet hatte.*	Vorzeitigkeit → trapassato prossimo
Paolo: "**Adesso** non **ho** voglia di andare all'università." *Paolo: „Jetzt habe ich keine Lust, zur Uni zu gehen."*		… **allora** non **aveva** voglia di andare all'università. *… er in jenem Moment keine Lust hatte, zur Uni zu gehen.*	Gleichzeitigkeit → imperfetto
Paolo: "**Quest**'estate **andrò** in vacanza." *Paolo: „In diesem Sommer werde ich in Urlaub gehen."*		… **quell**'estate **sarebbe andato** in vacanza. *… er in jenem Sommer in Urlaub gehen würde.*	Nachzeitigkeit → condizionale passato
Paolo: "Maria, **sei** già **andata** in vacanza **quest'** anno?" *Paolo: „Maria, bist du in diesem Sommer schon in Urlaub gegangen?"*	**Paolo chiedeva/ ha chiesto a Maria se** *Paolo fragte Maria, ob …*	… **era** già **andata** in vacanza **quell**'anno. … **fosse** già **andata** in vacanza **quell**'anno. *… sie in jenem Jahr bereits in Urlaub gegangen sei.*	Indirekte Frage Vorzeitigkeit → trapassato prossimo/congiuntivo trapassato
Paolo: "Maria, **hai** voglia di partire con me?" *Paolo: „Maria, hast du Lust, mit mir wegzufahren?"*		… **aveva** voglia di partire con lui. … avesse voglia di partire con lui. *… sie Lust habe, mit ihm wegzufahren.*	Indirekte Frage Gleichzeitigkeit → imperfetto/ congiuntivo imperfetto
Paolo: "Maria, me lo **farai** sapere **domani**?" *Paolo: „Maria, wirst du mir morgen Bescheid geben?"*		… glielo **avrebbe fatto** sapere **l'indomani**. *… sie ihm am nächsten Tag Bescheid geben könne.*	Indirekte Frage Nachzeitigkeit → condizionale composto

Steht das Verb des Sagens in einer Zeit der Vergangenheit (imperfetto, passato prossimo, trapassato prossimo, condizionale), so verändern sich die Zeiten im Nebensatz folgendermaßen:

presente	→	imperfetto
passato prossimo	→	trapassato prossimo
condizionale semplice	→	condizionale passato

Stehen imperfetto, trapassato prossimo bzw. condizionale passato bereits im unabhängigen Satz, so werden sie wie im abhängigen Satz (discorso indiretto) einfach übernommen.

Paolo: "**Volevo** sempre andare in vacanza con te, Maria. L'anno scorso, **avevo voluto** chiederti, ma poi tu mi hai detto che saresti partita con Luigi."	→	Paolo diceva/ha detto a Maria che **voleva** sempre andare in vacanza con lei e che l'anno prima **aveva voluto** chiederglielo, poi lei gli aveva detto che sarebbe partita con Luigi.
Paolo: „Ich wollte immer schon mit dir in Urlaub fahren, Maria. Letztes Jahr hatte ich dich fragen wollen, aber dann hast du gesagt, dass du mit Luigi wegfahren würdest."		*Paolo sagte Maria, dass er schon immer mit ihr in Urlaub fahren wollte und sie im Jahr zuvor hatte fragen wollen, sie ihm aber dann gesagt habe, dass sie mit Luigi wegfahren würde.*

▶ **Beachte!** Steht bei der **indirekten Frage** das einleitende Verb in der Vergangenheit, so kann im untergeordneten Satz sowohl Indikativ als auch Konjunktiv verwendet werden (s. Beispiel).

Eine **Imperativform** im unabhängigen Satz wird bei einleitender Verbform der Vergangenheitsgruppe folgendermaßen wiedergegeben:

Paolo: "Maria, accompagnami!"
Paolo: „Maria, begleite mich!"

Paolo diceva/ha detto a Maria
- di accompagnarlo. (Infinitivanschluss mit «di»)
- che lo accompagnasse. (congiuntivo imperfetto)
- che lo doveva accompagnare/che doveva accompagnarlo. (Umschreibung mit dem imperfetto von «dovere»)

Paolo sagte zu Maria, sie solle ihn begleiten/dass sie ihn begleiten solle.

Wie bei der **Zeitenfolge** erwähnt (**G** → 13.4), gehört das **passato prossimo** der Vergangenheitsgruppe an.

Paolo mi ha detto che era malato.
Paolo sagte mir, er sei krank.

Wenn der Bezug zur Gegenwart aber besonders betont werden soll, wird auch in der indirekten Rede das **passato prossimo** wie eine Zeit der Gegenwartsgruppe behandelt:

Stefano mi ha detto che stasera va a teatro con Luisa.
Stefano hat mir gesagt, dass er heute Abend mit Luisa ins Theater gehe.

13.6 Die indirekte Rede II: Veränderungen bei Adverbien und Demonstrativbegleitern

Paolo ha detto a Luisa: "Ho finito la scuola un mese fa."
Paolo hat zu Luisa gesagt: „Vor einem Monat habe ich die Schule beendet."

Paolo ha detto a Luisa che **un mese prima** aveva finito la scuola.
Paolo hat zu Luisa gesagt, dass er einen Monat zuvor die Schule beendet habe.

Stefano: "Maria, Marco ti chiamerà stasera, te lo prometto."
Stefano: „Maria, heute Abend wird Marco dich anrufen, ich verspreche es dir."

Stefano ha promesso a Maria che Marco l'avrebbe chiamata **quella sera**.
Stefano hat Maria versprochen, dass Marco sie an jenem Abend anrufen werde.

Die Verschiebung der zeitlichen Perspektive hat Konsequenzen für die Demonstrativbegleiter und einige Orts- und Zeitangaben:

direkte Rede	→	**indirekte Rede**
questo *dieser*	→	quello *jener*
questo ragazzo *dieser Junge*	→	quel ragazzo *jener Junge*
qui/qua *hier*	→	lì/là *dort*
ora/adesso/in questo momento *jetzt*	→	allora/in quel momento *in jenem Moment*
oggi *heute*	→	quel giorno *an jenem Tag*
stasera *heute Abend*	→	quella sera *an jenem Abend*
ieri *gestern*	→	il giorno prima/precedente *am Tag zuvor*
ieri sera *gestern Abend*	→	la sera prima/precedente *am Abend zuvor*
domani *morgen*	→	il giorno dopo/seguente/l'indomani *am darauffolgenden Tag*
dopodomani *übermorgen*	→	due giorni dopo *zwei Tage später*
la settimana scorsa *letzte Woche*	→	la settimana prima/precedente *in der Woche zuvor*
tra due settimane *in zwei Wochen*	→	due settimane dopo/ *zwei Wochen später*
il prossimo mese *im nächsten Monat*	→	il mese dopo/seguente *einen Monat später*
due anni fa *vor zwei Jahren*	→	due anni prima *zwei Jahre zuvor*

Quante Italie?

14.1 Das Bedingungsgefüge (il periodo ipotetico) √

Das Bedingungsgefüge besteht aus zwei Teilsätzen. Der Nebensatz drückt die Bedingung aus, der Hauptsatz die Folge. Für die Zeitenfolge gelten feste Regeln.

Se + presente → presente/futuro/imperativo	
Se fa bel tempo domani, facciamo/faremo un gita. *Wenn morgen schönes Wetter ist, machen wir einen Ausflug.* Se prendi il treno delle sette, arrivi/arriverai alle nove meno un quarto. *Wenn du den Zug um sieben Uhr nimmst, kommst du um Viertel vor neun an.* Se non parlo bene l'italiano, correggimi, per favore! *Wenn ich nicht gut Italienisch spreche, verbessere mich bitte.*	**Realis der Gegenwart** Die reale Bedingung bezieht sich auf die Zukunft oder die Gegenwart. Die Folge ist sicher bzw. wahrscheinlich.

Se + congiuntivo imperfetto → condizionale semplice	
Se adesso cominciasse a piovere, torneremmo a casa. *Wenn es jetzt (unerwarteterweise) zu regnen anfangen sollte, würden wir nach Hause gehen.*	**Potentialis der Gegenwart** Die angenommene Bedingung bezieht sich auf die Gegenwart. Dass diese Bedingung eintritt, ist denkbar, aber eher unwahrscheinlich.
Sandra: "Se io fossi un ragazzo, m'innamorerei di Stefania." *Sandra: „Wenn ich ein Junge wäre, würde ich mich in Stefania verlieben."* Se le macchine non avessero bisogno di benzina, l'aria sarebbe meno inquinata. *Wenn Autos kein Benzin bräuchten, wäre die Luft weniger verschmutzt.*	**Irrealis der Gegenwart** Die angenommene Bedingung bezieht sich auf die Gegenwart. Dass diese Bedingung eintritt, ist allerdings unmöglich.

Se + congiuntivo trapassato → condizionale passato	
Se fossero partiti prima, non sarebbero arrivati in ritardo. *Wenn sie früher abgereist wären, wären sie nicht verspätet angekommen.* Se ti fossi messo il casco, non ti sarebbe successo niente. *Wenn du den Helm aufgesetzt hättest, wäre dir nichts passiert.*	**Irrealis der Vergangenheit** Die angenommene Bedingung liegt in der Vergangenheit. Ihre Erfüllung ist unmöglich.

Im gesprochenen Italienisch wird im Irrealis (2. Variante) häufig das Imperfekt benutzt.

Se il mio computer funzionava, ti mandavo un e-mail.

► **Beachte!** Je nach Sinnzusammenhang können auch andere Kombinationen auftreten:

Se davvero Piero non ti ha salutato, si è comportato male.
Wenn Piero dich wirklich nicht gegrüßt hat, hat er sich schlecht benommen.

Se mi avesse chiamato, sarei più tranquillo.
Wenn er mich angerufen hätte, wäre ich beruhigter.

14.2 „Als ob“

Ha un'ottima pronuncia, **come se fosse** italiana. *Sie hat eine sehr gute Aussprache, als ob sie Italienerin wäre.*	bei Gleichzeitigkeit come se + congiuntivo imperfetto
Fa finta di non saperne niente, **come se** non **avesse visto** il telegiornale. *Er tut so, als wüsste er nichts davon, als ob er nicht die Nachrichten gesehen hätte.*	bei Vorzeitigkeit come se + congiuntivo trapassato

14.3 „Wenn“

Glielo dico **quando** viene. *Ich sage es ihm, wenn (sobald) er kommt.*	„wenn“, in der Bedeutung von „immer wenn, sobald, zu dem Zeitpunkt“ = **quando**
Glielo dico **se** viene. *Ich sage es ihm, wenn (falls) er kommt.*	„wenn“, in der Bedeutung von „falls“ = **se**

14.4 Die Zahlen III (i numeri III)

Jahrhunderte

il I secolo a. C. (avanti Cristo)/ il primo secolo a. C.			*das 1. Jhdt. vor Christus*
il II secolo d. C. (dopo Cristo)/ il secondo secolo d. C.			*das 2. Jhdt. nach Christus*
il XIII secolo d. C./ il tredicesimo secolo d. C.	… oppure	**il '200**/il Duecento (1200 – 1299)	*das 13. Jhdt.*
il XIV secolo/ il quattordicesimo secolo	… oppure	**il '300**/il Trecento (1300 – 1399)	*das 14. Jhdt.*
il XV secolo/ il quindicesimo secolo	… oppure	**il '400**/il Quattrocento (1400 – 1499)	*das 15. Jhdt.*
il XVI secolo/ il sedicesimo secolo	… oppure	**il '500**/il Cinquecento (1500 – 1599)	*das 16. Jhdt.*
il XVII secolo/ il diciassettesimo secolo	… oppure	**il '600**/il Seicento (1600 – 1699)	*das 17. Jhdt.*
il XVIII secolo/ il diciottesimo secolo	… oppure	**il '700**/il Settecento (1700 – 1799)	*das 18. Jhdt.*
il XIX secolo/ il diciannovesimo secolo	… oppure	**l'800**/l'Ottocento (1800 – 1899)	*das 19. Jhdt.*
il XX secolo/ il ventesimo secolo	… oppure	**il '900**/il Novecento (1900 – 1999)	*das 20. Jhdt.*
il XXI secolo/ il ventunesimo secolo			*das 21. Jhdt.*

► **Beachte!**

il XIV secolo
das 14. Jhdt.

→ In Italien werden bei der Angabe von Jahrhunderten die römischen Zahlen verwendet.

il XIV secolo
il '300 (il Trecento)

→ Für die Angabe der Jahrhunderte vom 13. bis zum 20. Jhdt. gibt es im Italienischen zwei Möglichkeiten:
1. **Ordinalzahl (il XIV secolo)**
2. **Grundzahl (il '300)** nämlich alle Jahre, die eine 3 beinhalten (1300 – 1399)

Nel '300	**Nel** 1989
im 14. Jhdt.	*(im Jahre) 1989*

→ Jahreszahlen und Jahrhunderte stehen immer mit dem bestimmten Artikel.

Che bello leggere!

15.1 Das passato remoto: Formen

Das **passato remoto** wird – wie das **passato prossimo** – zur Wiedergabe von in der Vergangenheit abgeschlossenen Vorgängen gebraucht.

Per questo **riuscì** a frenare la collera e **pensò** di esigere la condanna a morte.
Daher schaffte er es, seine Wut zu zügeln und dachte daran, die Todesstrafe zu fordern.

Senza pensarvi oltre **si recò** a denunciare il fallo di sua moglie.
Ohne weiter darüber nachzudenken, machte er sich auf, um den Fehltritt seiner Frau öffentlich anzuprangern.

La bella donna **credè** di non avere sbagliato.
Die schöne Frau dachte, nicht falsch gehandelt zu haben.

Formen

Verbi in -are **pensare**	**Verbi in -ere** **credere**	**Verbi in -ire (I gruppo)** **riuscire**	**Verbi in -ire (II gruppo)** **finire**
pens-ai	cred-ei (cred-etti)	riusc-ii	fin-ii
pens-asti	cred-esti	riusc-isti	fin-isti
pens-ò	cred-è (cred-ette)	riusc-ì	fin-ì
pens-ammo	cred-emmo	riusc-immo	fin-immo
pens-aste	cred-este	riusc-iste	fin-iste
pens-arono	cred-erono (cred-ettero)	riusc-irono	fin-irono

▶ **Beachte!** → Die 2. Person Plural des **passato remoto** und des **congiuntivo imperfetto** lauten gleich.

Viele Verben haben unregelmäßige Formen, die man folgendermaßen unterteilen kann:

1. «Avere», «essere» und andere häufig gebrauchte unregelmäßige Verben

avere	**ebbi**	avesti	**ebbe**	avemmo	aveste	**ebbero**
essere	**fui**	fosti	**fu**	fummo	foste	**furono**
stare	**stetti**	stesti	**stette**	stemmo	steste	**stettero**
dare	**diedi, detti**	desti	**diede, dette**	demmo	deste	**diedero, dettero**
fare	**feci**	facesti	**fece**	facemmo	faceste	**fecero**
dire	**dissi**	dicesti	**disse**	dicemmo	diceste	**dissero**
bere	**bevvi**	bevesti	**bevve**	bevemmo	beveste	**bevvero**

2. Verben des Typs «prendere» (presi, prendesti ...)

prendere	**presi**	prendesti	**prese**	prendemmo	prendeste	**presero**
accendere	**accesi**	accendesti	**accese**	accendemmo	accendeste	**accesero**
spegnere	**spensi**	spegnesti	**spense**	spegnemmo	spegneste	**spensero**
rendere	**resi**	rendesti	**rese**	rendemmo	rendeste	**resero**
chiedere	**chiesi**	chiedesti	**chiese**	chiedemmo	chiedeste	**chiesero**
chiudere	**chiusi**	chiudesti	**chiuse**	chiudemmo	chiudeste	**chiusero**
correre	**corsi**	corresti	**corse**	corremmo	correste	**corsero**
decidere	**decisi**	decidesti	**decise**	decidemmo	decideste	**decisero**
mettere	**misi**	mettesti	**mise**	mettemmo	metteste	**misero**
perdere	**persi**	perdesti	**perse**	perdemmo	perdeste	**persero**
piangere	**piansi**	piangesti	**pianse**	piangemmo	piangeste	**piansero**
ridere	**risi**	ridesti	**rise**	ridemmo	rideste	**risero**
rimanere	**rimasi**	rimanesti	**rimase**	rimanemmo	rimaneste	**rimasero**
rispondere	**risposi**	rispondesti	**rispose**	rispondemmo	rispondeste	**risposero**
scegliere	scelsi	sceglìesti	**scelse**	scegliemmo	sceglieste	**scelsero**
spendere	**spesi**	spendesti	**spese**	spendemmo	spendeste	**spesero**

3. Verben des Typs «venire» (venni, venisti ...)

venire	**venni**	venisti	**venne**	venimmo	veniste	**vennero**
cadere	**caddi**	cadesti	**cadde**	cademmo	cadeste	**caddero**
conoscere	**conobbi**	conoscesti	**conobbe**	conoscemmo	conosceste	**conobbero**
leggere	**lessi**	leggesti	**lesse**	leggemmo	leggeste	**lessero**
tenere	**tenni**	tenesti	**tenne**	tenemmo	teneste	**tennero**
sapere	**seppi**	sapesti	**seppe**	sapemmo	sapeste	**seppero**
scrivere	**scrissi**	scrivesti	**scrisse**	scrivemmo	scriveste	**scrissero**
vivere	**vissi**	vivesti	**visse**	vivemmo	viveste	**vissero**
volere	**volli**	volesti	**volle**	volemmo	voleste	**vollero**

4. Verben des Typs «nascere» (nacqui, nascesti ...)

nascere	**nacqui**	nascesti	**nacque**	nascemmo	nasceste	**nacquero**
piacere	**piacqui**	piacesti	**piacque**	piacemmo	piaceste	**piacquero**
tacere *schweigen*	**tacqui**	tacesti	**tacque**	tacemmo	taceste	**tacquero**

Man kann erkennen, dass in allen vier Verbgruppen bei den Ausnahmeformen des Typs «**prendere**», «**venire**» und «**nascere**» lediglich die 1. und 3. Person Singular und die 3. Person Plural unregelmäßig gebildet werden. Alle anderen Formen folgen fast ausschließlich dem regelmäßigen Schema.
→ Man muss also lediglich die 1. und 2. Person Singular lernen, um die gesamte Konjugation ableiten zu können.
1. P. Sg. → 3. P. Sg., 3. P. Pl.
2. P. Sg. → 1. P. Pl., 2. P. Pl.

15.2 Das passato remoto: Gebrauch

Passato remoto – passato prossimo

Ein durch das **passato remoto** gekennzeichneter Vorgang wird als abgeschlossen betrachtet. Daher ist das **passato remoto** die klassische Zeitform für Romane, Erzählungen und geschichtliche Ereignisse:

Al mattino, senza pensarvi oltre, **si recò** a denunciare il fallo di sua moglie e la **fece** chiamare in tribunale. La donna **rifiutò** le raccomandazioni di amici e parenti e **decise** di comparire in tribunale.
Ohne weiter darüber nachzudenken, machte er sich am Morgen auf, um den Fehltritt seiner Frau öffentlich an den Pranger zu stellen, und ließ sie bei Gericht vorladen. Die Dame wies die Ratschläge von Freunden und Verwandten zurück und entschied, bei Gericht zu erscheinen.

Wie das **passato prossimo** bezeichnet das **passato remoto** eine einmalige Handlung in der Vergangenheit, ohne jedoch wie jenes einen direkten Bezug zur Gegenwart zu haben.

Oft ist der feine Unterschied zwischen der abgeschlossenen Handlung und dem Bezug zur Gegenwart allerdings eine Interpretationsfrage.

Giovanni Boccaccio morì nel 1375.
Giovanni Boccaccio starb 1375.
→ Sein Tod wird als historisches Faktum betrachtet.

Giovanni Boccaccio, le cui opere leggiamo ancora oggi, è morto nel 1375.
Giovanni Boccaccio, dessen Werke wir heute noch lesen, starb 1375/ist 1375 gestorben.
→ Es wird impliziert, dass sein Tod (bzw. sein Leben!) Auswirkungen bis in unsere Gegenwart hat.

Man kann beobachten, dass in der gesprochenen Sprache oft das **passato remoto** durch das **passato prossimo** ersetzt wird. Dennoch ist das **passato remoto** alles andere als eine archaische Sprachform: In Süditalien wird es auch in der gesprochenen Sprache parallel zum und an Stelle des **passato prossimo** gebraucht. In Mittelitalien kommt es zu Mischformen.

Teil II Ergänzungsgrammatik (EG)

1 Quello (vgl. G → 3.5)

Quel giorno lì siamo arrivati alle dieci. *An jenem Tag sind wir um zehn Uhr angekommen.* A quell'epoca lavoravo in un albergo. *Zu jener Zeit/Damals arbeitete ich in einem Hotel.*	Bezieht sich der Demonstrativbegleiter auf eine Zeitangabe in der Vergangenheit, benutzt man eine Form von «quello».

2 Prädikative Ergänzungen bei der si-Konstruktion (vgl. G → 3.9)

Quando si è studenti, si vive spesso in appartamenti piccoli. *Als Student lebt man oft in kleinen Wohnungen.* Quando si è giovani, si esce spesso la sera. *Wenn man jung ist, geht man oft abends aus.*	Substantive und Adjektive als Ergänzungen zum unbestimmten Subjekt stehen im Plural.

3 Reflexive Verben (vgl. G → 4.5)

Im Gegensatz zum Deutschen werden im Italienischen **reflexiv** gebraucht:

accorgersi	*etw. bemerken*
addormentarsi	*einschlafen*
alzarsi	*aufstehen*
ammalarsi	*krank werden*
arrabbiarsi	*böse werden*
bagnarsi	*nass werden*
chiamarsi	*heißen*
fermarsi	*stehenbleiben*
svegliarsi	*aufwachen*

Im Gegensatz zum Deutschen werden im Italienischen nicht **reflexiv** gebraucht:

cambiare	*sich ändern*
migliorare	*sich bessern, verbessern*
peggiorare	*sich verschlechtern, verschlechtern*
precipitare	*sich stürzen, stürzen*
soggiornare	*sich aufhalten*

Bei einigen reflexiven Verben ändert sich je nach reflexiver oder **nicht** reflexiver Verwendung die Bedeutung:

addormentare	*zum Schlafen bringen*	addormentarsi	*einschlafen*
alzare	*hochheben*	alzarsi	*aufstehen*
bagnare	*nassmachen*	bagnarsi	*nass werden*

chiamare	*rufen*	chiamarsi	*heißen*
fermare	*jdn/etw. anhalten*	fermarsi	*anhalten/ sich aufhalten*
svegliare	*wecken*	svegliarsi	*aufwachen*
trovare	*finden*	trovarsi	*sich befinden*

4 «Essere»/«avere» in den zusammengesetzten Zeiten (vgl. G → 4.6)

4.1 Im Gegensatz zum Deutschen immer mit «avere»:

marciare	*marschieren*
Ho marciato 20 km.	*Ich bin 20 km weit marschiert.*
passeggiare	*spazieren gehen*
Abbiamo passeggiato molto.	*Wir sind viel spazieren gegangen.*
nuotare	*schwimmen*
Hai nuotato ieri?	*Bist du gestern geschwommen?*
girare	*durchqueren*
Ho girato tutto il centro storico.	*Ich habe die ganze Altstadt durchquert.*

4.2 Immer mit «essere»:

riuscire/essere riuscito, -a	*gelingen*
esistere/essere esistito, -a	*existieren*
sembrare/essere sembrato, -a	*scheinen*
parere/essere parso, -a	*scheinen*
migliorare/essere migliorato, -a	*bessern*
peggiorare/essere peggiorato, -a	*verschlechtern*
durare/essere durato, -a	*dauern*

4.3 «Essere» oder «avere»:

Intransitiver Gebrauch (essere)	Transitiver Gebrauch (avere)
I prezzi sono aumentati. *Die Preise sind gestiegen.*	Hanno aumentato i prezzi. *Man hat die Preise erhöht.*
I prezzi sono diminuiti. *Die Preise sind gefallen.*	Hanno diminuito i prezzi. *Man hat die Preise verringert.*
È saltato dalla gioia. *Er hat vor Freude Luftsprünge gemacht.*	Ha saltato un fosso. *Er ist über einen Graben gesprungen.*

4.4 «Essere»/«avere» bei Wetterangaben

Bei Verben, die das Wetter kennzeichnen (piovere, nevicare …) steht «essere», es sei denn, es wird eine lange Dauer erwähnt.

Ieri mattina è piovuto. *Gestern Vormittag hat es geregnet.*	Ha nevicato per due giorni. *Es hat zwei Tage lang geschneit.*

5 Zahlwörter (vgl. G → 5.1)

5.1 Kollektivzahlen

una decina di	*etwa zehn*	Partiamo per una decina di giorni. *Wir fahren für etwa zehn Tage weg.*
una dozzina di	*ein Dutzend*	Laura compra una dozzina di uova. *Laura kauft ein Dutzend Eier.*
una ventina di	*etwa zwanzig*	Leggo una ventina di pagine. *Ich lese etwa zwanzig Seiten.*
un centinaio di	*etwa hundert*	Vedono entrare un centinaio di persone. *Sie sehen etwa hundert Personen eintreten.*
a centinaia (pl. fem.)	*zu Hunderten*	Gli spettatori arrivano a centinaia. *Die Zuschauer kommen zu Hunderten.*
un migliaio di	*etwa tausend*	un migliaio di anni fa *vor etwa tausend Jahren*
migliaia di	*Tausende*	Migliaia di giovani festeggiano il loro idolo. *Tausende Jugendliche feiern ihr Idol.*
un paio (pl.: due paia!)	*ein Paar*	Vorrei comprare due paia di scarpe italiane. *Ich möchte gerne zwei Paar italienische Schuhe kaufen.*

► **Beachte!** *ein (Ehe-)Paar* – una coppia

5.2 Vervielfältigungszahlen

singolo	*einzeln*	In questo albergo non ci sono molte camere singole. *In diesem Hotel gibt es nicht viele Einzelzimmer.*
unico/solo	*einzig*	Questo è l'unico esemplare. *Das ist das einzige Exemplar.*
doppio	*doppelt*	Vorrei un caffè doppio. *Ich hätte gerne einen doppelten Espresso.*
triplo	*dreifach*	L'artista sa fare un salto triplo. *Der Artist kann einen dreifachen Salto machen.*

duplice	*zweifach*	Questa medicina ha un duplice effetto. *Dieses Medikament hat einen zweifachen Effekt.*
triplice	*dreifach*	Vorrei una fattura in triplice copia/ in tre copie. *Ich hätte gerne eine Rechnung in dreifacher Ausführung.*

► **Beachte!**
dreimal, viermal, fünfmal … – tre volte, quattro volte, cinque volte …
zweimal, dreimal so viel … – due, tre volte … tanto

Queste scarpe costano due volte tanto.
Diese Schuhe kosten doppelt so viel.

6 Zeitangaben und Lebensalter (vgl. G → 6.3)

Zeitangaben

domani	*morgen*
dopodomani	*übermorgen*
l'anno prossimo	*nächstes Jahr*
tra un anno	*in einem Jahr*
ieri	*gestern*
l'altro ieri	*vorgestern*
l'altro giorno	*neulich*
l'anno scorso	*letztes Jahr*
molti anni fa	*vor vielen Jahren*
sei mesi fa	*vor einem halben Jahr*

Lebensalter

Quanti anni hai?	*Wie alt bist du?*
Ho diciott'anni./Ne ho diciotto.	*Ich bin achtzehn (Jahre alt).*
Mi sono sposata a trentatré anni/ all'età di trentatré anni.	*Ich habe mit dreiunddreißig geheiratet.*
Compio vent'anni in dicembre.	*Ich werde im Dezember zwanzig.*
un bambino di nove anni	*ein neunjähriger Junge*
È un uomo sui sessant'anni.	*Er ist ein etwa sechzigjähriger Mann.*
È sui cinquanta/sulla cinquantina.	*Er/Sie ist um die fünfzig.*
Ha un anno più di/meno di Carlo.	*Er/Sie ist ein Jahr älter/jünger als Carlo.*

7 Steigerung der Adjektive: Sonderformen (vgl. G → 6.5)

Positiv	Komparativ	Superlativ	Beispiel italienisch	Beispiel deutsch
grande *groß*	maggiore *größer, älter*	massimo *größte/r*	la massima fiducia	*das größte Vertrauen*
piccolo *klein*	minore *kleiner, jünger*	minimo *kleinste/r*	i minimi problemi	*die kleinsten Probleme*
alto *hoch*	superiore *höher*	massimo *höchste/r*	prezzi superiori, al piano superiore	*höhere Preise* *eine Etage höher*
basso *niedrig*	inferiore *niedriger*	minimo *niedrigste/r*	temperature inferiori	*niedrigere Temperaturen*

8 Das Relativpronomen «quale»

Das Relativpronomen «quale» hat dieselbe Bedeutung wie die beiden Relativpronomen «che» und «cui».

Formen

Mask. Sing.	Mask. Plural	Fem. Sing.	Fem. Plural	Bedeutung
il quale	i quali	la quale	le quali	= che
al quale	ai quali	alla quale	alle quali	= (a) cui
del quale	dei quali	della quale	delle quali	= di cui
dal quale	dai quali	dalla quale	dalle quali	= da cui
nel quale	nei quali	nella quale	nella quale	= in cui
per il quale	per i quali	per la quale	per le quali	= per cui
con il quale	con i quali	con la quale	con le quali	= con cui

Gebrauch

«Che» und «cui» werden nicht nur in der gesprochenen Sprache weitaus häufiger verwendet als «quale».

«Quale» wird benutzt:

Ho incontrato **la sorella** di Antonio, **la quale** studia a Roma. *Ich habe die Schwester von Antonio getroffen, welche/die in Rom studiert.* Ho incontrato la sorella **di Antonio**, **il quale** studia a Roma. *Ich habe die Schwester von Antonio getroffen, welcher/der in Rom studiert.*	→ zur eindeutigen Kennzeichnung des Bezugs
Mi ha fatto vedere **le sue fotografie** del suo ultimo viaggio in Sicilia, **le quali** non avevo mai visto. *Er hat mir die Fotos von seiner letzten Sizilienreise gezeigt, die ich noch nie gesehen hatte.*	→ wenn das Beziehungswort weit vom Relativpronomen entfernt steht

Dove sono **gli annunci dei quali** ti ho parlato? *Wo sind die Annoncen, von denen ich dir erzählt habe?* Sono **ristoranti nei quali** si paga molto. *Das sind Restaurants, in denen man viel zahlt.*	→ vor allem nach Präpositionen und im Plural

9 Die doppelten Pronomen

Mi presento a te, a lui, a lei, a noi, a voi, (a) loro. *Ich stelle mich dir, ihm, ihr, uns, euch, ihnen vor.*	«Mi, ti, gli, le, Le, ci, vi, si» werden nicht miteinander verbunden. Man benutzt an deren Stelle das betonte Objektpronomen.
Li abbiamo informati di questo. *Wir haben sie darüber informiert.*	«Lo, la, li, le» werden nicht mit «ne» kombiniert. An dessen Stelle verwendet man «di questo».
Martina vuole parlare apertamente a Fabrizio e ci si prepara a lungo. *Martina will offen mit Fabrizio sprechen und bereitet sich lange darauf vor.*	Bei reflexiven Verben kann «ci» in der Bedeutung von «darauf» stehen. Die Formen der Reflexivpronomen «mi, ti, si, vi» bleiben erhalten. «Ci» wird «si» vorangestellt.

10 „Als" im Nebensatz

Paolo è più intelligente di quanto/di quello che tu credi/creda. *Marco ist intelligenter als du glaubst.* Il viaggio è costato meno di quanto/di quello che io pensavo/pensassi. *Die Reise hat weniger gekostet als ich dachte.*	Folgt auf „als" ein Nebensatz, so steht «di quanto, di quello che». Das Verb steht im Indikativ oder im Konjunktiv.